꽃이 올라가는 길

이승숙 산문집

다이얼로그

단풍이 내려오는 길

삼랑성을 걷고 있다. 그녀와 둘이서 걷는 길이다. 성벽을 따라 걷던 그녀가 전등사를 내려다보며 "단풍이 들 때 한 번 더 오고 싶어요." 그랬다. 체력이 약해 늘 몸을 사리던 그녀였는데, 오늘은 어쩐 일로 다시 걷고 싶다고 하는 걸까?

전등사를 포근히 감싸 안고 있는 삼랑성은 단군의 세 아들이 쌓았다는 전설이 내려온다. 이끼가 낀 성벽은 지나온 세월을 말해주는 듯하다. 그 길을 우리는 고요히 걸었다.

꽃이 올라올 때도 우리는 길을 걸었다. 진달래가 뭉클뭉클 피어 있던 산에서 머루주를 한 잔 따라 산천에 인사도 드렸더랬다. 한 잔이지만 천 잔 만 잔인 양 여기시라며 고수레를 올리던 그녀가 인상적이었다.

그녀와 함께하는 지금 현재가 좋다. 자주 만나지는 못하지만 그래도 늘 같이 있는 듯이 느끼는 것은 우리가 지금 이 순간을 사랑하기 때문이리라. 내일을 위해 오늘을 저당 잡히지 않고 지금에 충실 하는 것, 그것이 우리가 꿈꾸는 삶의 길이다. 지금 내 옆에 있는 사람, 지금 내가 하고 있는 일, 그리고 지금 내 마음속으로 들어온 모든 것들을 사랑할 테다. 그 모든 '지금'들이 모여서 오늘이 되므로….

"내려올 때 보았네/올라갈 때 못 본/그 꽃"이라는 시가 생각난다. 가을 단풍이 봄꽃보다 더 예쁘다고 가르쳐주신 스승님도 떠오른다. 내가 살아가는 모든 것이 다 글감이라면서 책을 쓰라고 권해준 고마운 친구도 있었다. 내 글이 '문학'으로 나아갈 수 있도록 이끌어주신 선생님도 계셨다. 그 모든 분들 덕분에 글 앞에 겸손함을 배웠고, 이 책을 낼 수 있었다.

처음부터 지금까지 한결같은 마음으로 내 글을 아끼고 사랑해준 김쌤 덕분에 오늘이 있다. 20대의 우리가 주고받았던 그 편지들, 30대에 인터넷 속에 만들었던 우리 집 '초록 바람 부는 집', 그리고 40대의 '오마이뉴스'까지 모두가 내 글의 텃밭이자 놀이판이었고 풍성한 마당이었다. 모두 다 고맙고 또 고마울 따름이다.

어느새 가을이 깊었다. 드넓은 가능포 들판의 벼들도 이제는 반 넘어 다 베어졌다. 들판 너머 마니산의 산색도 어느 결에 누르스름하게 물이 들었다. 진달래가 올라가던 길과 반대로 이제는 단풍이 내려오고 있다.

단풍이 들 때 다시 삼랑성을 돌자고 했던 그녀에게 전화를 넣어야겠다. 지금 현재를 누리러 가자고 해야겠다. 그렇게 가을을 보내고 또다시 찾아올 봄을 기다리면서 어제와 같은 오늘을, 그리고 또 내일을 맞을 것이다. 꽃이 올라오고 또 단풍이 내려가는 길을 오래오래 누리고 싶다.

2016년 10월,

마니산 아래 초록 바람 부는 집에서

이승숙

차 례

제 2 부

—

내 친구 참나무

제 3 부

—

봄이 오는 샘터

제1부

꽃이 올라가는 길

민통선 안 밥집

비가 내린 어느 날 초지대교 근처에 있는 해수탕에 갔더니 비를 피해 왔는지 제법 사람들이 많았다. 그중에는 친목계원들인 듯한 부인네들도 여럿 보였다. 그들은 허물없는 사이인 듯 한증막 안에 들어와서 자리를 잡자 말자 자기 집인 양 이야기를 나눈다.

"요즘 밴댕이가 나오는 철 아니야? 밴댕이회 먹을까?"

누가 그렇게 말하자 밴댕이회를 먹으려면 어디로 가야 하는지, 밴댕이는 어떤 성질을 가진 생선인지 등 갑자기 불 한증막 안이 밴댕이 이야기로 떠들썩해졌다.

밴댕이는 보리가 누렇게 익을 무렵에 제 맛이 나는 생선이다. 아직 보리가 익으려면 한참 더 있어야 하는데도 마치 보리타작이라도 하는 양

한중막 안이 요란스럽다.

성미가 급하고 속이 좁은 사람을 '밴댕이 소갈딱지'라고 하는데, 그물에 걸려 배에 올라오는 동안 죽어버리는 밴댕이의 생리를 일컬어서 생긴 말이다. 한중막 안의 여인들도 급하기는 그에 못지않은지 당장 밴댕이 맛을 보러 갈 기세로 입맛을 다신다. 급하기는 밴댕이 못지않다.

여행은 일상을 벗어나는 그 자체만으로도 매력적이지만 향토색이 짙은 색다른 음식을 맛볼 수 있다는 재미도 크다. 주부들의 경우 부엌에서 벗어나 남이 차려주는 밥을 먹는 즐거움도 매우 크다. 그러나 색다른 것은 어쩌다 한 번이라야 재미있지 너무 흔하면 그것 역시 색다를 게 없다. 오히려 집 밥을 찾아다니는 사람들도 있다. 사먹는 밥에 질렸을 사람들에게는 엄마가 해주는 집 밥이 최상의 음식이요 성찬일 것이다.

강화읍 월곶리에는 '연미정燕尾亭'이라는 이름의 정자가 있다. 앉은 자리가 마치 제비 꼬리처럼 생겨서 연미정이라는 이름이 붙은 이곳은 우리 역사 속에도 여러 번 등장을 한다. 예전에는 민통선 안에 있어서 외지인들은 들어가기가 쉽지 않았지만 지금은 검문 초소가 연미정 뒤로 물러나서 누구나 갈 수 있다.

한 세기 전만 해도 연미정 근처는 온갖 배들로 넘쳐났다. 경상도와 전라도 및 충청도의 세곡선稅穀船들이 이곳 강화 앞바다를 통해 한양으로 들어갔기 때문이었다. 썰물이 나면 밀려 내려오는 물살 때문에 배가 한양으로 올라가기 힘들었다. 그래서 연미정 근처에서 머물면서 밀물이 들 때를 기다렸다. 그때 연미정 앞은 천여 척의 배들이 머물며 오가기도 했던 곳이었다고 한다. 그 경관이 얼마나 대단했으면 '연미조범燕尾漕帆'이란 시도 있다.

燕尾亭高二水中　연미정 높이 섰네 두 강물 사이에,
三南漕路檻前通　삼남지방 조운길이 난간 앞에 통했었네.
浮浮千帆今何在　떠다니던 천척의 배는 지금은 어디 있나,
想是我朝淳古風　생각컨데 우리나라 순후한 풍속이었는데.

연미정 인근은 그렇게 잘나가던 한때가 있었다. 그러나 분단과 함께 죽은 것이나 매한가지가 되어버렸다. 바다에는 배 한 척 다니지 않는다. 바닷가로는 아예 내려갈 수조차도 없게 철책이 가로막고 있다. 바다 건너편의 북한 땅을 바라보고 있노라면 우리 민족의 참담한 현실 앞에 비통함을 금치 못하게 된다.

그렇게 인적이 끊긴 연미정 근처에 간판도 없는 밥집이 하나 있다. 사람들은 그 집을 '연미정 할머니 밥집'이라고 불렀다. 예전에는 근처 동네의 사람들이나 찾던 곳이었지만 '강화나들길'이 생기면서 하나둘 사람들이 찾기 시작하더니 이제는 제법 알아주는 명소가 되었다. 비록 간판도 없는 간이식당이지만 밥맛만은 어느 집과 비교해도 손색이 없을 정도로 맛있기 때문이다.

원래는 근처 동네 사람들이 오가며 들르던 주막이었다. 마을에 일이라도 있을 양이면 그곳은 남정네들로 가득 찬다. 막걸리 한 사발에 돼지껍데기 볶음을 앞에 두고 시국 돌아가는 이야기며 못자리 낼 의논까지 온갖 현안들이 논의에 붙여지고 갑론을박 목소리를 높인다.

언젠가 나들길을 걷다가 밥때가 되어 연미정의 할머니 밥집에 간 적이 있었다. 그날도 중늙은이 대여섯 명이 둘러앉아서 술추렴을 하고 있었다.

"모판은 어찌 됐는가?"

막걸리를 따르며 누가 묻자 그 옆에 앉은 사람이 "날이 추워 그런지 모가 잘 자라지를 않네. 이러다 모내기 제때 할 수 있을까 몰라." 하며 말을 받았다. 그렇게 한동안 모내기며 모판에 대한 이야기들이 오고갔다. 그 모습을 바라보니 예전 어릴 적 생각이 났다.

우리 아버지는 술은 입에 대지 않았지만 화투를 좀 하셨다. 그때는 농한기인 겨울에서 봄까지 심심풀이로 화투를 치는 사람들이 많았다. 큰돈이 걸린 노름은 아니었지만 그래도 집에 있는 사람은 애를 태울 수밖에 없었다. 아버지가 놀러 가셨다가 늦게까지 오지 않으면 어머니는 우리를 앞세워서 찾아 나섰다. 동네 큰길가 밥집이 아버지들이 모여 노는 장소였다.

아버지들의 세계였던 그때 그 국밥집을 연미정의 할머니 밥집에서 본다. 막걸리를 한 잔 해서 불콰해진 얼굴에는 만족스런 미소가 흐른다. 시국 돌아가는 이야기며 농사 이야기에 시간 가는 줄 모르는 그곳은 인근 동네 농부들의 사랑방이었다.

그새 밥상이 차려졌다. 김이 술술 피어오르는 밥이 양은냄비째로 올라와 있고 납작하게 썬 무를 밑에 깔고 지진 생선조림 역시 냄비째로 올라왔다. 산나물을 뜯어 무친 보시기가 두어 개나 되고 김치에 장아찌에 상이 푸짐했다.

"밥 많으니까 많이 드셔. 밥심이 제일이잖아. 우리네는 밥을 먹어야 힘이 나더라고. 누룽지도 먹고 가셔."

주인 할머니가 밥을 퍼주며 연신 많이 먹으라고 권한다. 색다를 게 없는 밥상이지만 정이 듬뿍 느껴지는 상이었다. 마치 엄마가 차려주는 밥 같았다. 반찬 한 가지라도 더 챙겨주고 싶어 하는 따뜻한 정이 연미정의 할머니 밥집에서는 느껴졌다.

예전에 엄마들은 자식들에게 꼭 따뜻한 밥을 먹이려고 했다. 그런 밥을 먹어야 힘도 나고 키가 큰다고 했다. 전기밥솥도 없고 보온밥통 또한 없던 시절이었는데도 어떻게 해서든 따뜻한 밥을 먹였다. 겨울이면 아랫목에는 밥을 담은 그릇이 이불 밑에 들어 있었다. 밖에서 놀다 들어와서 이불 밑에 발을 들이밀다 더러 밥통을 걷어차기도 했다. 아랫목은 늘 따뜻함과 함께 이불 밑에 묻어두었던 밥으로도 기억이 된다. 그런 밥을 먹고 우리는 자랐다. 비록 넉넉하지는 않았지만 정情만은 풍족했다.

지금은 뭐든 다 차고 넘치는 시대다. 배가 불러서 못 먹지 없어서 못 먹는 시대는 아니다. 그런데도 우리는 가끔씩 허기를 느낀다. 사람 사이의 정이 그리운 허기다. 그럴 때 연미정의 할머니 밥집을 찾아가 본다. 밥을 퍼주며 연신 많이 먹으라고 권하는 주인 할머니에게서 어릴 적 추억이 느껴지기도 한다.

금방 한 뜨거운 밥을 후후 불어서 먹고 입가심으로 숭늉까지 마신다. 그러노라면 뭔가 모를 충족감이 밀려온다. 식당 밥은 금방 배가 꺼진다는데 연미정 밥집은 그렇지가 않다. 아마도 그곳 밥에는 정이 덤으로 얹혀 있나 보다.

48번 국도

"저 너머 돌팡(바위)에 굴도 많았는데, 인제는 철조망 때문에 못 따먹어. 굴도 사람이 밟고 다녀야 잘 되는데 지끔은 사람이 안 다니니께 굴이 딱지만 남고 다 죽어버리는 거야."

48번 국도의 종점인 인화리에서 만난 한 아주머니가 말했다. 길은 바다를 앞에 두고 멈췄고, 둘 사이에는 키를 훌쩍 넘는 철책이 끝 간 데 없이 길게 둘러쳐져 있다. 철책은 완강하게 바다로의 진입을 막았다. 코앞에 바다를 두고도 들어갈 길이 없었다.

48번 국도는 서울 종로구에서 출발해 강화도까지 오는 도로다. 광화문에서 시작된 길은 양천(서울 양천구)을 지나 김포를 거쳐 강화로 온다. 모두 합해 140리이니 장정 걸음으로 하루해 안에 다닐 수 있는 길이다. 이 길은 임금님이 오갔던 길이었다. 정묘년에 청나라가 쳐들어왔을 때 인조 임금은 난리를 피해 강화도로 건너왔고, 강화도령 원범은 왕이 되어 이 길을 가마 타고 올라갔다. 임금님이 행차를 하던 길이었으니 당연히 광화문에서 시작이 되었다. 우리나라 국도 중에서 이런 길이 또 있을까. 오직 48번 국도만이 유일할 것이다.

노란색 바리케이드가 가로로 길게 놓여 있다. 그것은 차량의 진입을 완강하게 거부한다. 그 뒤로 군 초소가 덩그렇게 서 있고 초소 뒤에는 바다를 따라 철조망이 길게 처져 있다. 마치 가위로 뚝 자르기라도 한 양 왕복 이차선 도로는 끝이 뎅겅 잘려 있다.

길의 끝은 바다다. 썰물이 지자 바다는 몸을 비틀면서 요동을 친다. 민물과 짠물이 거친 숨을 몰아쉬며 한바탕 씨름을 하고 있다.

"한강물이 여기까지 내려오는 게야."

물살이 거세다는 내 말에 아주머니가 말했다.

바다가 뒤척일 때마다 물이 희번덕였다. 거대한 괴어怪魚의 비늘일까. 아니면 바다에 당도한 민물들의 환호일까. 격랑을 이루며 쓸려나가는 바닷물이 거친 숨을 내뱉으며 몸을 뒤틀고 있었다. 마치 쓸려가기 싫어하는 바닷물의 안간힘 같았다.

썰물이 지면 강화의 바다는 맨살을 드러낸다. 물이 물러난 자리에 끝없는 갯벌이 펼쳐진다. 그러나 인화리 앞 바다에는 갯벌이 없다. 썰물과 밀물이 들고 날 때마다 일어나는 거센 물살에 개흙들은 안착을 하지 못한다. 대신 갯바위들이 바닷가에 위시해 있다. 마치 밀려오는 바닷물을 맞아들이는 듯 아니면 쓸려가는 민물들에게 잘 가라고 인사를 해주는 듯

갯바위들이 바닷가에 늘어서 있다.

바다를 따라 철조망이 끝없이 길게 쳐져 있다. 철조망 너머는 곧바로 바다다. 48번 국도는 더 가고 싶어도 갈 수가 없다. 바다와 철조망이 앞을 가로막고 있어서 더 이상 갈 수가 없다. 진정한 길의 끝이다.

겨울바람이 사정없이 불어왔다. 거칠 것 없이 바다를 누비던 바람은 철조망의 사이를 빠져나와 뭍으로 상륙을 한다. 48번 국도는 아무런 방비도 하지 못한 채 바람에 점령당했다. 바다를 따라 키 높이로 철조망을 두르고 그 앞에 초소까지 두고 밤낮으로 경비를 하건만 바람 앞에는 속수무책이었다.

길의 끝에는 집이 한 채 있었다. 밖에는 겨울바람이 맵차게 부는데 집 안은 따뜻했다. 감기 기운이 있는 손녀를 데리고 읍내의 병원에 갔다가 막 돌아오던 아주머니는 낯선 사람인 나를 보고 짖어대는 개를 달랬다. 물지 않으니 걱정 말라는 아주머니의 인정에 끌려 집 안으로 들어가니 햇살도 나와 함께 방 안으로 따라왔다.

"그 전에는 굴도 따먹고 그랬는데 이제는 바다에 못 들어가. 전두환 때 철조망을 두르고부터 굴을 따러 들어갈 수가 없게 되었지."

집 바로 앞이 바다인데 들어갈 수가 없다고 한다. 전두환 대통령 때 철조망을 둘렀다고 하니 30년 이상 바다와 뭍은 격리가 되었다. 바다를 사이에 두고 북한과 마주보고 있는 곳이라 방비를 위해 철조망을 쳤겠지만 집 앞에 바다를 두고도 바라다봐야만 하니 주민들의 애환이 왜 없을까.

"저 안에 고기가 가득할 거야. 안 그래도 저기에 고기가 많았는데, 지금 저 안에는 아무도 못 들어가니까 고기들 세상일 거야."

친정아버지도 또 남편도 어부였으니 인화리 앞바다 사정은 손금 보듯이 잘 알고 있을 아주머니였다. 그러고 보니 바닷가인데도 고깃배도 없고 바닥에 늘어놓은 그물도 보이지 않는다. 바닷가 마을에서 흔히 볼 수 있는 갈매기도 날아다니지 않는다. 인화리 앞바다는 전쟁 이후로 60여 년 이상 고기잡이배가 드나들지 못하는 금단의 바다가 되었다.

예전에 인화리는 꽤 큰 포구였다. 바닷물과 민물이 뒤섞이는 기수역이라 고기가 많았을 뿐만 아니라 한강과 예성강으로 들어가는 길목이기도 했다. 노를 저어 바다로 나간 어부들은 연평도까지 가서 새우를 잡아 와서 새우젓을 담갔다. 바다 근처 평지에는 새우젓을 보관하던 창고가 수두룩했다.

그때는 물길이 살아있을 때였다. 남북이 갈라지지 않고 하나였을 때, 그때 인화리 앞바다는 지금의 8차선 고속도로보다 더 넓은 길이었고 인화리는 배와 사람들로 북적이던 선창가 마을이었다. 민물이 들면 밀려들어가는 물을 타고 상선들은 한강을 거슬러 한양까지 올라갔다. 황포 돛을 올리고 물길을 따라 마포나루까지 갔다. 물자도 성했고 사람들의 왕래도 분주했다. 그러나 지금 인화리 앞바다는 배 한 척 볼 수 없다. 그 많던 집들과 새우젓 창고들은 다 어디로 갔을까. 바닷길과 물길이 막히면서 사람길도 막혀버린 것이다.

서울 종로에서 출발해서 김포를 거쳐 강화까지 이어지는 48번 국도는 총연장 65킬로미터의 짧은 국도다. 그 길의 끝을 여기 인화리에서 본다. 철조망에 걸려 있던 검정 비닐이 바람이 불 적마다 펄럭인다. 비닐은 어디로 가려고 나섰다가 철조망에 발이 묶인 걸까.

외통길 48번 국도의 처연한 끝이다. 바다가 앞에 있어 단절된 길은 철조망으로 한 번 더 끊어졌다. 더 이상 나아갈 수가 없다. 바닷길을 따라가면 서해를 넘어 태평양까지 갈 수 있고 물길로는 한강과 임진강, 예성강을 따라 뭍의 깊숙한 곳까지 들어갈 수 있는데, 그러나 예서 멈춰야 한다. 남북이 하나가 되면 끊어졌던 물길이 다시 열릴 것이다. 아니, 물길이 열리면 남북이 하나가 되려나. 인화리 앞바다는 그날을 기다리며 저리 뒤척이는 것일 게다.

48번 국도는 언젠가부터 대륙을 꿈꾸었다. 저 바다를 넘어 황해도로 가리라. 해주를 지나 평양도 들를 것이다. 내친김에 시베리아로도 나아가 볼 터이다. 48번 국도는 그렇게 대륙을 꿈꾸었다. 다시 물길이 열리기를, 그래서 황해도도 평안도도 내 집 안마당인 양 오갈 수 있는 날이 오기를 날마다 빌고 또 빌었을 것이다.

꿈이 이루어지고 있는 걸까, 바다 위로 길이 놓였다. 인화리 너머에 있는 교동섬까지 한걸음에 달려갈 수 있도록 다리가 놓였다. 대륙을 향한 걸음마가 시작이 되었다.

강화도에 딸려 있는 교동도는 섬이 아니라 육지다. 교동의 나이 드신 어른들은 교동도가 연백반도의 끝자락이라고 생각하며 "강화는 섬이지만 교동은 육지"라며 자부심을 가졌다. 전쟁이 나기 전까지만 해도 장을 보러 연백으로 나갔고 자녀들의 혼인도 강화나 김포보다는 황해도 쪽 사람들과 했다.

한 몸이었던 교동도와 연백반도는 전쟁 이후 찢어졌다. 그저 망연히 바라볼 수밖에 없었다. 장꾼이 건너가고 신랑각시가 오가던 그 길은 이제

망각 속에 묻혀 사라져 갔다. 그 길을 살릴 수는 없는 걸까. 연백반도와 다시 한 몸이 될 수는 없을까.

50번 국도가 있다. 그 길은 황해도의 옹진과 해주를 지나 개성에서 1번 국도와 만난다. 실제로는 존재하지 않지만 지도상에는 있는 이 길은 통일을 대비한 길이다. 1번 국도가 어떤 길이던가. 전라남도 목포에서 출발해서 신의주까지 뻗어 있는 길이니 실로 우리나라의 허리를 받쳐주는 길이라고 할 수 있다. 길 중의 길인 1번 국도와 만나기로 예정이 되어 있는 50번 국도이니 그 길 역시 예사 길은 아니다. 48번 국도는 50번 국도를 만나 신의주까지 달릴 수 있다. 통일이 되면 길들은 하나가 되어 대륙을 향해 나아갈 것이다.

48번 국도의 종점인 인화리가 길의 끝이라고 생각했다. 그러나 끝이 아니라 대륙으로 나아가는 길목이었다. 그곳은 통일의 꿈을 안고 있었다. 인화리에서 새로운 가능성을 보았다. 그리고 대륙을 꿈꾸었다. 그날을 기다리는 듯 인화리 앞바다는 속으로 꿈틀대고 있었다.

꽃이 올라가는 길

외우는 시가 많아서 별명이 '오천 수'인 사람이 있다. 그가 눈을 지그시 감고 시를 외울 때면 그 자리는 순간 문학과 흥이 넘쳐흐른다. 시를 외우는 것도 놀랍지만 상황에 딱 맞는 시를 찾아내는 능력은 참으로 놀라울 따름이다.

얼마 전에 강화읍에 나간 김에 문학관으로 찾아갔더니 덥석 내 손을 잡으며 반긴다.

"반갑소. 커피 한 잔 할랑교?"

나를 보자 일부러 경상도 사투리로 말한다. 동향인 내가 반갑다는 표시다.

차를 마시며 열흘 전에 다녀온 고향 이야기를 했다. 그곳에는 진달래며 벚꽃이 한창이었는데 강화도는 이제야 꽃이 피었다고 하자 그가 시 한

수를 꺼내 읊는다. 양선생은 허리춤에 시를 차고 다니는지 언제 어디서고 적절한 시를 뽑아낸다. 눈까지 지그시 감고 시를 읊는 그를 따라 나도 시 속으로 들어갔다.

김포서 강화까지 오는데 일주일 걸렸구나
내 걸어보아도 한나절이면 가겠던데
들를 곳 다 들러왔구나
봄에 진달래도 그랬다

함민복 시인이 쓴 「자귀나무 꽃」이란 시다. 자귀나무는 모든 나무들이 다 꽃을 피우고 잎을 내도록 내내 지켜보다가 마침내 더 이상 참을 수가 없다는 듯 잎과 꽃을 피워낸다. 꽃이 핀 모양새가 꼭 공작새가 꼬리를 활짝 편 것 같다고 해서 나는 일부러 '공작새 꽃'이라고도 불렀다. 강화에서는 선원면에서 읍으로 넘어가는 언덕길의 양 옆으로 여러 그루의 자귀나무가 서 있는 걸 볼 수 있다.

양선생은 「자귀나무 꽃」을 연거푸 한 번 더 읊는다. 시를 읊을 때면 늘 그랬듯이 이번에도 역시 눈을 감았다. 그를 따라 나도 눈을 감았다. 꽃이 올라오는 길이 어렴풋이 그려진다. 함민복 시인이 그렸던 꽃길이 우리 앞에도 펼쳐졌다.

지난봄에 친정에 일이 있어 내려가는 김에 고향의 봄을 보고 올 생각으로 며칠 더 머물다가 왔다. 강화도는 아직도 봄이 오려면 한참 더 기다려야 할 기세였는데 내 고향 동네는 한창 꽃 잔치 중이었다. 진달래며 벚꽃이 활짝 피어 있었고 집 울타리 근처에 있는 두 그루의 자두나무에는 하야스름한 꽃이 가득 피어 있었다. 그 모습이 마치 음전한 처녀 같아 마음이 절로 고와졌다.

운문사로 가는 길은 벚꽃 터널이었다. 왕복 이차선 도로는 온통 꽃으로 울타리를 친 듯했다. 차를 타고 한참을 달리도록 내내 꽃물결을 보았으니 못 잡아도 5킬로미터가 넘을 길이었다. 나중에 알아보니 근 10킬로미터에 이르도록 벚나무 꽃길이 조성되어 있었다. 벚꽃을 보러 진해까지 갈 것 없다며 친정언니는 연신 환호성을 질렀다.

경상도에서 며칠 지내다 강화로 올라오니 아직도 꽃이 필 낌새가 보이지 않았다. 강화는 그때까지도 겨울인 듯했다. 그러나 어느 결에 진달래가 피기 시작하더니 벚나무 가지 끝에도 볼그스름하게 물이 들었다. 한번 꽃물이 오르자 금방이었다. 앞다투어 진달래가 피기 시작했고 벚꽃도 뜨거운 냄비 솥에 들어간 강냉이 알갱이인 양 톡톡 꽃잎이 터져 나왔다.

며칠 뒤에 고려산으로 진달래를 보러 갔다. 고려산은 진달래꽃으로 유명한 산이라 봄이면 꽃을 보러온 사람들로 북새통을 이룬다. 주말에는 말할 것도 없고 주중에도 알려진 등산로는 꽃보다 사람이 더 많을 정도다. 굳이 고려산이 아니라도 진달래를 볼 수 있지만 그래도 매년 봄이면 고려산의 진달래를 보러 간다. 앞으로 몇십 번을 더 볼 수 있을지, 그때까지는 매년 오르자고 스스로에게 무언의 약속을 하며 올해도 꽃을 보러 산으로 향했다.

고려산 자락에는 고인돌이 많다. 잘 알려진 부근리 고인돌을 비롯해서 삼거리, 고천리, 오상리 등등 대부분의 고인돌들이 고려산 자락에 붙어 있다. 그중 삼거리 동네의 고인돌도 구경하고 진달래도 볼 겸해서 그쪽으로 길을 잡았다.

하점면 삼거리 동네 이곳저곳에 고인돌이 흩어져 있다. 정자나무 아래에도 고인돌이 있고 장독대 옆에 고인돌이 있는 집도 있다. 고인돌은 사람들이 사는 곳과 가까이 있다.

주차장에 차를 세워두고 산으로 올라간다. 진달래가 반겨주기 시작한다. 고인돌이 만들어진 몇천 년 전 그때에도 진달래는 있었을 것이다. 그 이전에도 진달래는 피고 지며 이 산을 물들였을 것이다. 지금 꽃을 보는 우리가 그때 살았던 사람들의 후손이듯이 지금 피어 있는 이 진달래들도 그때 피었던 꽃들의 후손들일 것이다. 그렇게 생각하며 바라보니 진달래가 한결 더 고운 듯했다.

꽃이 무더기로 피어 있는 근처에 자리를 깔았다. 김밥과 물을 꺼내고 작은 유리병에 담아온 머루주도 내놨다. 술잔으로 하려고 젖빛 찻잔도 챙겨왔다. 머루술은 마치 적포도주같이 색이 붉다. 색깔이 고운 이런 술은 술잔도 색을 보여주는 것으로 해야 한다. 그래서 찻잔을 다포에 싸서 챙겨왔던 것이다.

술 한 잔을 따라서 산에 올린다.

"한 잔이지만 천 잔, 만 잔인 양 여기시고 기쁘게 받아주옵소서."

우리는 고수레를 하며 머리를 조아렸다. 고인돌이 있는 여기는 몇천 년 전부터 우리 조상님들이 밟았던 땅이다. 그러니 어찌 함부로 할 수 있겠는가. 사방을 향해 절을 하며 우리가 온 것을 고했다.

진달래가 온 길을 그려본다. 경상도에서 강화까지 오는 데 근 열흘이 걸렸다. 뭐 하느라 그리도 시간이 걸린 것일까. 혹시 온갖 참견 다 하느라 늦어진 것은 아닐까. 이 걸음으로 간다면 영변의 약산까지는 한참 더 걸릴 것이다. 들를 데 다 들러 가면서 쉬엄쉬엄 올라갈까, 아니면 기다리는 마음을 읽고 재게 발걸음을 놀릴까. 진달래가 올라갈 길이 궁금해졌다.

김소월이 쓴 「진달래꽃」이란 시에는 영변의 약산이 나온다. 영변이 어디 있는 곳인지 알지 못하는 사람이라도 약산이 진달래로 유명한 곳이라는 것은 다 안다. 그곳 진달래는 강화도의 소식을 바람결에 들었을 것이다. 어쩌면 지금쯤 부랴부랴 차비를 하고 있지는 않을까. 볼그스름하게 꽃봉오리에 물이 들었을 것 같다.

강화도를 거쳐 영변까지 올라갈 진달래의 길을 그려본다. 지나는 걸음마다 진달래가 피겠지. 재게 발걸음을 놀릴까, 아니면 오만 군데 다 참견을 하며 쉬엄쉬엄 올라갈까. 진달래 산천이 될 영변의 약산을 그려보노라니 갑자기 북한이 이웃집인 양 가깝게 느껴진다.

신들린 사람

아랫녘에서는 태풍 소식도 들리는데 강화도는 아무 낌새도 보이지 않는다. 어쩌다 한 줄기 소나기가 찔끔 지나갈 뿐 기다리는 비 소식은 없다. 그래도 오늘은 비가 내릴 기미가 보인다. 서북쪽 하늘에 검은 구름이 낮게 깔려 있는 것을 보니 조만간에 소나기가 한 차례 퍼부을 것도 같다.

북산을 넘어 길을 걷는다. 대산리를 향해 가는 길이다. 행정상으로는 강화읍에 속하지만 산 너머에 있어서 동네는 번잡하지 않고 호젓하다. 차를 두고 산길을 따라 간다. 그가 걸었던 길을 따라서 가보는 셈이다. 동네 앞으로는 온통 초록 일색인 논이 끝없이 펼쳐져 있다. 날이 가물어 대지가 바싹 말랐는데도 논의 벼들은 기세등등하게 세를 키우고 있다.

그는 매일 걸어서 이 길을 오갔다. 대산리에 있는 작업실까지는 한 시간 걸음이다. 도시락이 든 가방을 메고 아침이면 총총히 작업실을 향해 길을 나섰다. 어떤 날은 부옇게 밝아오는 신새벽에 이슬을 헤치며 산길을 걸었던 적도 있었다. 마치 뭣에 홀리기라도 한 양 그는 낮밤을 가리지 않고 대산리로 향했다.

그는 걸으면서 자기 안에 맴돌고 있는 것을 달래기도 하고 어루만지기도 하였다. '내 속에 또 다른 것이 들어 있어서' 그것이 그를 대산리로 이끌었다. 부름을 받으면 지체 없이 달려가 붓을 들었다. 신들린 것처럼 붓질을 하다가 보면 하루해가 꼴딱 넘어가기도 했다. 그렇게 해서 탄생한 작품들은 그가 그렸지만 그 아닌 또 다른 존재가 그린 것이기도 하다.

신들린 사람, 그는 박진화 화백이다. 1991년에 서울에서 강화로 온 그는 민통선의 철책을 마주보고 앉았다. 철책에 걸려서 허우적대는 분단된 조국과 민족의 아픔이 그의 눈에 보였던 것이다. 그는 그만 그것에 잡혀버렸다. 그때부터 지금까지 20년 이상 대면하고 있지만 그것은 아직도 박 화백을 놓아주지 않는다.

대산리에는 그의 이름을 딴 미술관이 있다. 그를 아끼고 사랑하는 사람들이 힘을 모아 만든 미술관이다. 화가의 이름을 딴 미술관들은 여럿 있지만 이처럼 농촌 속으로 들어간 것은 그리 흔치 않을 것 같다. 미술관에서는 기획 전시가 연중 열린다. 이름 그대로 진짜 그림[眞畵]만 그리는 사람들의 전시 공간으로 활용이 되고 있는 것이다.

산을 내려와서 마을 속으로 걷는다. 예나 지금이나 별반 달라진 게 없을 것 같은 길이다. 구불구불한 길을 따라 걷노라면 저만치 동네 들머리에 하얀색 집이 보인다. 원래는 농가였을 이 집은 이제 예술을 담는 공간으로 변신을 했다. 미술과는 전혀 상관이 없을 것 같은 농촌 마을에 미술관이 있다니, 참으로 신기하다. 세련된 외양의 거창한 집도 아니다. 농가 창고를 개조한 소박한 공간이다. 미술관 앞으로는 논이 있고 그 옆에는 참깨며 고구마 등을 심은 밭이 있다. 골을 따라 자라고 있는 밭작물들은 농부의 손길이 얼마나 갔는지 어느 하나 허투루 자란 게 없다. 마치 거대한 캔버스에 그린 작품인 양 논과 밭이 아름답다.

미술은 본래 사람의 생활 속에서 나왔다고 한다. 갈망하고 그리워하던 것을 승화한 게 미술이고 예술이었다. 그러나 지금의 미술은 대중들과 유리된 감이 있다. 사람들은 미술을 낯설어하고 어렵게 여긴다. 전시장에 가서 작품을 봐도 무엇을 말하는지 모호하기만 하다. 박진화 화백의 그림도 역시 쉽게 읽혀지지는 않는다. 그러나 뭔가 모르게 가슴에 확 다가오는 것이 있다. 그것은 때로는 불도장처럼 뜨겁게 느껴지기도 하고 또 때로는 처연하게 다가오기도 한다.

중학교 때 미술 선생님께 들은 '그림은 목숨과 맞바꿔야 되는 것'이라는 말을 박진화 화백은 아직도 잊지 않고 되새긴다. 그림이 안 돼 죽을 만큼 힘들면 어려우니까 그림이지 쉬우면 그림이겠나 하며 마음의 칼을 다시 한 번 벼린다. 그리고 또 도전한다. 어떤 때는 도대체 너는 무엇이냐고 종주먹을 들이대다시피 하며 그림에게 묻기도 한다. 그렇게 부딪히고 그리워하며 그림에게로 나아갔다.

박진화 화백은 약관의 나이인 30대 초반에 강화도로 왔다. 그리고 철책이 마주 보이는 대산리의 작업실에서 붓을 들고 씨름을 했다. 어느 때는 그가 승리를 거두기도 했지만 대개의 경우 승산이 없는 겨룸에서 진을 다 뺐다. 그럴 때마다 그는 마니산을 올랐다. 그림이 떠오르지 않을 때나 또는 그림과의 한 판 씨름에서 버겁게 버팅기다가 마니산에 가서 기운을 얻어오곤 했다. 그렇게 오른 것이 천 번도 더 넘는다고 하니 그의 그림들은 어쩌면 그가 그린 게 아니라 마니산이 그린 것인지도 모른다.

한밤중에도 마니산을 찾았다. 마치 신내림을 받듯 그는 참성단에 올라 하늘의 소리에 귀를 기울였다. 그렇게 오르던 어느 날 그는 어떤 기운과 대면했다. 부옇게 형체도 없이 둥둥 떠다니던 그것을 신들린 듯 캔버스에 옮겼다. 시간이 가는 줄도 몰랐다. 그렇게 해서 태어난 〈밤에 참성단에서〉라는 그림에는 뭔가 모를 신령스러운 기운이 감돈다. 참성단을 떠다니던 그것은 박진화 화백을 통해 캔버스로 옮겨왔다. 말로는 설명하기 힘든 어떤 기운이 그의 붓을 통해 터져 나왔다. 우리 민족의 아픈 역사를 대신해서 울어주는 화가의 울음이 보이는 듯도 하다.

그는 전업화가다. 자본의 자장磁場으로부터 멀리 떨어진 궁벽한 섬에서 그림 하나만 보고 길을 걸었다. 시장에서 인기가 있을 그림을 그리지도 않는다. 그가 택한 주제는 분단과 민중이었기 때문이다. 민통선 안의 대산리에서 철책을 마주하고 앉아 그림을 그리는 그에게 분단은 어쩌면 그를 옭아매는 철조망일지도 모른다. 그는 그 철책에 걸려 빠져나가지 못하고 있는 바람이다. 그가 그린 〈철책에 걸린 도깨비〉 역시 역사의 올가미에 걸려 허우적댄다.

북산을 넘어 대산리로 접어들자 시원스레 펼쳐진 들판 저 너머로 중첩하여 희끄무레하게 산이 보인다. 북녘 땅의 산이다. 이쪽의 들과 저쪽의 산 사이에는 바다가 있고 바닷가 둑에는 촘촘히 가시가 박힌 철책이 끝없이 둘러쳐져 있다. 산과 들, 그리고 철책까지도 한가로운 전원 풍경 속의 소도구처럼 평화롭게만 보인다. 하늘 한쪽에 먹장구름이 낮게 포진하고 있는 모습까지도 그림처럼 보인다. 그러나 이곳은 분단을 직시하는 민통선 안 마을이다.

오래 비가 오지 않아 미술관 마당의 잔디들이 배배 몸을 비틀며 말라가고 있었다. 마치 두 동강이 나서 꼬여 있는 우리나라의 처지같이 보였다. 한 줄기 비가 내리면 잔디는 다시 새파랗게 살아날 것이다. 분단된 우리나라를 흔쾌히 적셔줄 비가 그리웠다. 언제쯤이면 비가 올까. 미술관 뜰을 서성이며 들 저 너머에 있는 북쪽의 산과 하늘을 하염없이 바라보았다.

그때였다. 난데없는 시원한 바람이 들판을 훑고 지나갔다. 참나무 숲에서 청개구리들이 와글대며 울었다. 밭둑을 따라 서 있는 옥수수잎들도 바짝 날을 벼렸다. 후드득 풀썩, 뜨거운 먼지가 튀어 올랐다. 그리고 이내 콩 볶듯이 소나기가 몰아쳤다.

막잠 자고 난 누에가 뽕잎을 갉아먹는 소리처럼 버석거리며 소나기가 뽀얗게 묻어 든다. 미처 피해볼 새도 없이 천지간이 흠씬 젖어든다. 비다. 소나기다.

비는 온 들판을 유린하듯 몰아친다. 금세 땅이 젖었다. 타들어가던 잔디밭에도 물이 흥건하게 고였다. 비는 아마 한동안 올 모양이다. 덕분에 마른장마는 저만치 물러나고 있었다.

서울에서 강화, 금방이에요

"먼 데서 오셨네요."

서울에서 열리는 모임이나 행사에 참여했을 때 강화도에서 왔다고 자기소개를 하면 사람들의 시선이 일제히 내게로 향한다. 강화도에서 왔다는 사실 하나만으로 나는 사람들의 주목을 받는다. 사실 강화도는 생각만큼 멀지 않은데도 사람들은 한결같이 먼 데서 왔다고 한다.

우리나라는 서울이 아니면 다 지방으로 불린다. 그러니 강화도는 말해 무엇 하겠는가. 육지와 분리된 '섬'이니 오지 중의 오지로 생각할 수도 있을 것이다. 그러나 다리가 놓이면서 강화도는 지형적인 조건 즉 바다로 둘러싸여 해상교통으로만 출입이 가능하던 시대도 지나갔고 아무 때나 육지로 오갈 수 있으니 섬의 제한된 조건에서는 벗어났다. 또 서울과 인천 그리고 인근의 대도시들과 이어주는 도로들이 계속 닦여지면서 이제는 서울의 중심부인 광화문까지 가는 데 한 시간여밖에 걸리지 않는 시대가 되었다.

강화읍에서 서울까지 거리는 53킬로미터에 불과하다. 서울에서 춘천까지 약 81킬로미터이고 서울에서 천안까지는 92킬로미터인 것과 비교하면 강화도가 얼마나 가까운 곳인지 짐작할 수 있다. 그럼에도 강화도를 멀다고 생각하는 것은 우리나라가 남과 북으로 나누어져 있고부터일 것이다. 우리나라는 대륙과 연결된 반도국이지만 실제로는 분단으로 인해 섬나라나 마찬가지다. 반세기 이상 적과 대치한 상황에서 북한 땅과 인접한 강화도는 심리적으로 멀게만 느껴졌을 것이다. 그래서 강화도라고 하면 휴전선과 가까운 변방으로만 기억하는 것일지도 모른다.

조선시대만 해도 강화도는 벼슬아치들이 꿈꾸는 임지 중의 하나였다. 강화는 난리가 났을 때 왕이 피난하기에 좋은 보장지처였다. 그렇기 때문에 조정에서는 강화를 특별 대우했다. 강화도는 종2품인 관리가 유수로 부임해 왔던 유수부였다. 강화유수를 지낸 사람은 나중에 중앙의 요직에 중용되었다. 또 강화도는 도성인 한양을 지켜주는 곳이기도 했다. 강화와 김포 사이의 좁은 바다인 강화해협은 해상에서 도성으로 들어오는 길이었다. 그곳이 뚫리면 한양 입성은 잠깐이었다. 이러한 군사적인 중요성에 의해 일찍부터 강화도는 요새화되었다.

조선 숙종 때 53개 소나 돈대를 쌓았다. 돈대는 해안이 내려다보이는 언덕에 쌓은 작은 성이었다. 그곳에 군사들이 상주하면서 바다를 경계했던 것이다. 나라에 난리가 났을 때 종묘와 사직을 지키기 위해 피난을 온

곳이 강화도였다. 정묘호란 때 인조는 청군을 피해 강화로 건너왔고, 병자호란 때는 세자빈을 비롯해서 대군과 권문세도가의 권속들이 강화로 피난을 오기도 했다. 왕실의 도서관격인 외규장각 또한 강화에 두었고 전등사에는 사고史庫가 있었다. 이처럼 중요한 곳이었으니 조정에서는 특별 관리했음이 분명하다. 그래서 강화유수로 부임을 해오는 길은 영전과 성공이 보장된 길이었다.

그때 도성에서 강화까지는 그렇게 먼 길이 아니었다. 한양에서 강화까지 140리 길이었으니 장정 걸음으로 하루해 안에 갈 수 있는 거리였다. 광화문에서 양천(서울 강서구)까지가 30리 길이었고 양천에서 경기도 김포까지가 40리였다. 또 김포에서 통진(김포시 통진면)이 40리이고 통진에서 강화는 30리였다. 그래서 강화도로 오는 길은 모두 합해 140리가 되는 것이다.

이 정도 거리는 걸어서 하루 안에 도착할 수 있고, 급한 전갈이 있어 말을 타고 달리면 두어 시간 안에 도착을 할 수 있다. 가마를 탈 경우는 하루해 안에 갈 수 없었다. 지체가 높은 사람이 가마를 타고 있으니 지나는 고을마다 수령이 나와서 맞이하고 또 배웅을 했을 테니 시간이 많이 지체되었을 것이다. 수행하는 사람도 많았을 테니 오가는 절차가 오죽 요란했을까. 실제로 외규장각에 모신 의궤들을 실은 가마가 강화로 올 때의 광경을 그린 기록을 보면 장대하기가 임금님 행차 못지않았다. 의궤儀軌는 조선시대 왕실의 주요 행사를 글과 그림으로 남긴 것으로 외규장각에 보관되어 있던 의궤는 임금이 보던 어람용御覽用이었다. 그러니 임금님 못지않게 대접을 해야 했을 것이다.

가마가 지나갈 길에는 황토를 뿌려 단장을 하고 의장을 갖춘 군사들이 호위를 한다. 악대는 음악을 연주하며 각 고을의 지방관들은 예를 갖추어 맞이하고 또 배웅을 하였다. 밤에 객사에 묵을 때는 가마를 중앙 마루에 모시고 최고의 예우를 했다. 그렇게 하다 보니 한양을 출발하여 강화에 오기까지 1박 2일이 걸렸다.

서울에서 강화로 오가는 길은 영광만이 있는 것은 아니었다. 그 길은 오욕과 비탄에 젖어 있던 길이기도 했다. 왕족들의 유배지로 강화도와 그 부속도서인 교동도가 선택되는 경우가 많았기 때문이었다. 그것은 고려시대부터 시작되었다. 고려의 21대 왕인 희종은 1211년 12월에 최충헌을 제거하려 시도하였다가 실패하였다. 이 일로 희종은 폐위되었고 강화도로 쫓겨 오게 되었다. 조선시대에 오면 연산군과 광해군을 비롯해서 안평대군과 임해군이 교동도로 유배되었다. 또 인조의 동생인 능창대군과 다섯째 아들인 숭선군, 철종의 사촌인 익평군과 흥선대원군의 손자인 이준용 등도 교동도로 유배를 왔다. 이들은 나중에 풀려나거나 또는 그곳에서 죽임을 당했다. 교동도는 조선시대 왕족들의 수난사를 보여주는 현장이라고도 볼 수 있다.

죄인을 내쫓을 때는 도성에서 멀리 떨어진 섬이나 첩첩산중 오지로 보낸다. 그러나 폐위가 된 왕이나 왕족들은 도성에서 가까운 강화도나 교동도로 유배를 보냈다. 이들은 자칫하면 다시 역모를 꾀할 수도 있는 요주의 인물들이라 특별 관리의 필요성에 의해 가까운 거리의 섬을 유배지로 선택했던 것이다.

강화도는 도성과 가까우니 다시 중앙으로 돌아갈 수 있다는 희망을 품을 수도 있겠지만 그들에게는 해당사항이 없었다. 죄목이 역모였기 때문이다. 그래서 강화도가 지리적으로는 가깝지만 심리적으로는 멀게만 느껴졌을 것이다. 그것은 한번 가면 다시 돌아오기 어려운 유배의 길이었기 때문이다. 실제로 연산군과 안평대군, 그리고 임해군과 능창대군 등이 유배지에서 비참하게 생을 마쳤다. 모두 형제들에게 죽임을 당했으니, 권력 앞에서는 피를 나눈 형제도 소용이 없었다.

강화도로 유배를 오는 그들에게는 굴욕과 죽음만이 남아 있었다. 언제 죽임을 당할지 알 수 없는 그들에게 내일의 기약은 없었다. 그러니 그들은 회한과 두려움에 떨며 유배지인 강화도로 왔을 것이다. 언제 다시 세상의 중심으로 들어갈 수 있을까. 살아서 돌아갈 수 있을까. 비탄과 회한에 젖어 있던 그들에게 강화도는 세상의 끝이었을 것이다.

강화도로 오가는 길은 출세와 성공의 길이기도 했지만 또 한편으로는 오욕과 비탄의 길이기도 했다. 오늘에 와서는 북한과 맞닿아 있으니 강화도는 멀고 먼 벽지처럼 느껴진다. 더 이상 나아갈 수 없는 단절감으로 인해 강화도는 먼 곳으로 각인이 되고 말았다.

그러나 강화도는 멀지 않다. 옛날 파발마와 가마가 다녔던 길을 자동차들이 달린다. 광화문에서 출발해서 강화까지 오는 48번 국도는 65킬로미터밖에 되지 않는 짧은 길이다. 전국이 일일생활권이 된 지도 오래인데 65킬로미터쯤이야 식은 죽 먹기다. 자동차 전용도로로 달리면 강화도는 금방이다. 김포시도 건너뛰고 통진읍도 지나친다. 경계마다 멈춰 서서 다리쉼을 해야 했던 옛날과는 달리 지금의 자동차는 지칠 줄을 모른다. 어느새 눈앞에 강화대교가 보인다.

삭탈관직하고 수레에 얹혀 유배를 가던 통한의 그 길은 이제 여유와 희망을 주는 길이 되었다. 강화에서는 나를 내려놓고 온전히 쉴 수 있다. 그래서 주말이 되면 강화도로 들어오는 차들로 48번 국도는 분주하다. 꼬리가 보이지 않을 정도로 차량의 행렬은 끝이 없다. 임금님의 행차인들 저토록 대단할까. 그들 모두는 자기 삶의 주인이고 또 왕이다.

'강화나들길'을 찾아서 오는 사람들도 많다. 흙길을 걷노라면 복잡하던 세상사는 한참 뒤로 물러나 있다. 마치 어린애라도 된 양 자연과 함께 어울려 놀다 보면 어느새 나도 자연이 되어 있다. 길을 걷는 그들의 발걸음은 가볍다. 음악을 연주하는 악대 대신 산새들이 노래를 불러주고 바람이 춤을 춘다. 호위를 해주는 군사는 없지만 대신 친구들이 옆에 있다. 임금님인들 이들보다 더 행복할까.

겨우내 얼었던 흙이 부풀어 오르고 바람결에 봄기운이 느껴지는 2월의 끝자락이다. 작은 산새들이 이쪽저쪽으로 포르르 날아다니며 지저귄다. 길을 걷는 사람들의 발걸음에도 봄이 묻어나는 듯하다. 강화나들길에는 벌써 봄이 왔다. 빨강에 노랑, 그리고 꽃분홍에 초록 등등, 길 위에 꽃이 피었다. 봄은 벌써 나들길에 와 있다.

훈장님의 가르침

요즘 걷는 재미에 빠져서 틈만 나면 길을 걷는다. 혼자 걸을 때도 있지만 대개 길벗들과 함께 나설 때가 많다. 며칠 전에도 광성보에서 출발해서 불은면까지 가는 나들길 걸음이 있었다. 하늘은 비가 올 듯 끄무레했지만 걷기를 좋아하는 사람들에게 가는 빗줄기 정도는 문제가 되지 않는다.

광성보에서 출발한 우리는 불은초등학교를 향해 걸음을 옮긴다. 바다를 오른편에 두고 둑길을 걷는다. 물이 빠진 바다는 온통 나문재 밭이다. 발갛게 물든 나문재가 마치 가을 단풍인 양 곱다.

갯벌을 바라보며 걷노라면 산길을 걸을 때와는 다른 기분이 든다. 산길은 오붓하고 호젓해서 마치 보드라운 목소리를 가진 사람과 마주보며 이야기를 나누는 것과 같다면, 갯벌을 보며 걷는 길은 옆에서 든든하게 지켜주며 힘을 주는 친구와 걸어가는 것 같다. 산길이 마음 가까이로 눈길을 이끌어준다면 갯벌 길은 깊숙한 곳으로 마음결을 잡아끈다.

바닷가 둑길을 지나 들길로 들어섰다. 고만고만한 집들이 모여 있는 동네가 보인다. 붉은 벽돌집들 사이로 하늘색과 주황색으로 칠한 함석지붕집이 보인다. 익히 잘 알고 있는 그 동네는 기억 속의 어느 시절로 나를 데려갔다.

도시에 살 때 우리는 강화도를 즐겨 찾았다. 그러다가 아예 이사를 했다. 도시를 떠나 시골로 이사를 할 용기가 나지 않았는데 책 한 권이 우리를 강화도로 이끌어주었다. 여럿이 어울려서 정답게 사는 사람들의 이야기가 담겨 있는 그 책을 보자 이게 바로 사람 사는 맛이 아닐까 하는 생각이 들었다. 그래서 우리는 도시를 떠나 강화도 사람이 되었다.

원해서 한 이사였지만 아는 이 하나 없는 강화도에서의 나날은 적적했다. 그러던 어느 날 또 한 권의 책을 만났다. 우리보다 먼저 이사를 온 사람이 쓴 그 책 속에는 '마리서당 이야기'라는 제목을 단 만화가 있었다. 같은 뜻을 가진 사람들이 모여 만든 교육공동체 '마리서당'에 관한 이야기였다. 마리서당은 큰 아이가 작은 아이를 이끌며 더불어 성장하는 일종의 토요 학교였다. 우리를 강화로 이끈 『빈 들에 나무를 심다』라는 책을 쓴 지은이도 '마리서당 이야기' 속에 그려져 있었다. 비로소 우리는 이웃을 만날 수 있었고, 그때부터 우리 가족의 빛나는 나날들이 시작되었다.

토요일 오후면 우리는 불은면 넙성리로 모였다. 그 마을에는 넓은 마당만큼이나 마음도 넉넉한 부부가 살고 있었다. 강화의 이곳저곳에서 달려온 사람들은 그 마당에서 춤추고 뛰어놀았다. 아이들이 '사자소학'을 배우며 놀았다면 어른들은 학동들의 소리를 들으며 더 큰 배움으로 나아갔다. 우리가 하는 모든 것들은 다 놀이였다. 좋아서 하는 일은 모두 재미있고 신이 나는 놀이다. 그 놀이들은 교육이란 틀 속에 가두기에는 너무 큰 공부였고 또한 배움이었다.

그때 아이들에게 가르침을 주기 위해 기꺼이 오신 분이 있었다. 그분은 서울에서도 북쪽인 상계동에 사는 분으로 대학에서 후학들을 지도하는 분이었다. 강화까지 오자면 못 잡아도 몇 시간은 걸렸을 거리를 단 한 번도 싫은 내색 없이 찾아주셨다. 주말 하루를 나누어 주셨으니, 지금 생각해봐도 너무나 대단하고 훌륭하다.

훈장님은 아이들과 어른들 모두의 스승님이셨다. 먼 곳에서 일부러 오시는데, 노잣돈이라도 챙겨 드릴라치면 그분은 그때마다 사양하시며 한결같은 낯빛으로 말씀하셨다.

"저도 제 스승님께 무상으로 배움을 얻었습니다. 제게 배우는 아이들 중에서 나중에 또 그렇게 하는 사람이 나오면 되는 겁니다."

학문의 맥은 물질로 내려오는 게 아니라 정리情理와 뜻으로 이어져 오는 것인가 보았다. 이어서 훈장님은 강화학파에 대해서도 말씀을 해주셨다.

조선 중기의 큰 학자였던 하곡 정재두 선생은 정쟁으로 조용할 날이 없는 서울을 떠나 강화로 내려오셨다. 선생이 강화로 내려오시자 배움을 얻던 제자들도 따라서 왔다. 양명학의 태두였던 하곡 선생과 그 제자들은 강화에서 학풍을 이어갔다. 후세 사람들은 이를 일러 '강화학파'라고 불렀다.

마음을 바르게 하고 뜻을 정성스럽게 만들어[正心誠意] 아는 것을 실천하는 것이 바로 도道라고 옛 성현들은 말씀하셨다. 양명학은 바로 '지행합일'知行合一의 실천을 중시하는 학문이었다. 강화학의 학풍은 일제강점기까지 면면이 이어져 내려왔다. 그러나 백암 박은식과 위당 정인보를 끝으로 그만 학풍의 맥이 끊기고 말았다. 혼란스러웠던 시대 상황이 그렇게 우리의 정신문화까지도 삼켜버렸던 것이다. 이것이 어찌 '강화학'만의 일이었을까. 일제는 우리의 유구한 역사와 정신문화를 말살하기 위하여 조직적인 작업을 했다. 그리하여 성현의 가르침을 실천하며 살아오던 우리의 높은 정신문화들이 흩어지고 사라지게 되었다. 강화학 역시 그러한 과정을 겪어 맥이 끊기게 되고 말았던 것이다.

'마리서당'에서 배우는 학동들 중에서 강화학의 맥을 이을 인재가 나온다면 그것이 바로 훈장님께 드리는 최상의 답례가 될 것이다. 내면의 소리를 듣고 그에 따르는 지행합일의 삶을 실천하는 것이 바로 양명학이고 강화학의 정신이다. 올곧은 삶을 사는 것 또한 배움을 실천하는 길일 것이다. 맥이 끊겼던 강화학은 이렇게 우리의 정신 속에 이어져 내려오고 있었다.

'마리서당'에 대한 이런저런 추억들이 떠올랐다. 그때 우리는 참 많이도 즐거웠다. 강화도를 걸어서 한 바퀴 일주했던 일도 떠올랐다. 일이라고 생각하고 시작했더라면 못했을 일들을 우리는 놀이로 만들어서 즐겼다. 대여섯 살 어린아이부터 어른들까지, 이십여 명이 함께 2박 3일 동안 걸었다. 걸으면서 보고 느끼는 강화는 차를 타고 다닐 때와 달랐다. 그 이후 강화가 더 가깝고 살갑게 다가왔다. 어느 것 하나 아름답지 않은 것이 없었다.

2001년과 그 다음해에 걸쳐 두 번씩이나 했던 강화일주는 그 이후 우리의 삶에도 변화를 주었다. 어렵고 힘든 일을 만날 때면 그때의 경험들이 힘이 되어주었다. 두 발로 걷고 또 걸어서 강화를 일주했던 기쁨과 감흥들을 떠올리면 힘들 것 같아 피하고 싶은 일도 기꺼이 할 수 있는 마음이 생겼다.

일행들을 먼저 보내고 다른 길로 접어들었다. '마리서당'에서 즐거운 한때를 같이 보냈던 분이 생각났던 것이다. 그분은 도시를 떠날 마음을 내지 못하던 내게 『빈 들에 나무를 심다』라는 책으로 용기를 준 분이기도 하다.

통기도 하지 않고 들렀는데도 반겨주시는 모습을 보니 괜히 송구스러웠다. 신명나게 한때를 같이 보냈으면서도 나는 또 다른 것을 쫓아 다니느라 소중한 인연을 놓치며 살고 있지는 않는 걸까 하는 마음도 들었다.

소중한 추억들이 이 가을에 나를 찾아왔다. 마치 준비라도 하고 있었던 듯 걸음은 나를 그곳으로 이끌어줬다. 나를 찾아온 이 발걸음이 마치 오래전에 이미 예정돼 있던 일이라도 되는 양 소중하게 생각된다. 그때의 인연들이 귀하기만 하다.

길 위의 구도자

지난여름은 시도 때도 없이 비가 내렸다. 비가 그칠 기미만 보이면 매미는 울어댔다. 매미가 울어서 비가 그친 걸까, 아니면 비가 그치니 매미가 우는 걸까.

왁자하니 울어대는 매미 울음소리를 뒤로 하고 읍내에 가려고 차에 올랐다. 그런데 어인 일인지 시동이 걸리지 않는다. 기름만 채워주면 차는 달리는 것이라고 알고 있던 나는 순간 난감했다. 약속 장소까지 갈 일이 막막했다. 드문드문 다니는 버스는 시간 맞추기가 쉽지 않다. 그렇다고 택시를 불러서 타고 갈 수도 없는 노릇이다. 마침 옆집 사는 이가 읍내에 나간다기에 그 차를 얻어 탔지만 내 차 놔두고 남의 차를 타려니 조금은 갑갑했다.

시골에서 살려면 필수적으로 승용차를 마련해야 한다. 대중교통이 발달한 도시와 달리 시골은 그런 체계가 잘 갖춰져 있지 않다. 버스는 있지만 두어 시간에 한 대 꼴로 다니는 데도 많고, 그것마저 제 시간에 맞춰 오는 경우도 드물다. 운전을 할 줄 모르는 어르신들의 경우 그런 양 하고 살지만 젊은 사람들은 대개 차를 마련한다. 한 집 당 차 한 대는 기본이고 심지어는 사람 수만큼 차를 보유하고 있는 집도 더러 있다. 차가 발 노릇을 하니 어쩔 수 없는 일이다.

이렇게 차 없이는 불편해서 살 수 없는 시골에서 차 없이 사는 사람이 있다. 그 사람은 늘 걸어 다닌다. 일이십 리 정도는 보통이고 삼사십 리도 걸어 다닌다. 그가 걷는 것은 이동을 하기 위해서이기도 하지만 그보다는 내면의 소리에 귀를 기울이기 위함이었다. 들끓는 생각들을 하나로 모으기 위해서도 걸었고 살아있는 모든 것을 아름다이 모시기 위해서도 걸었다. 그의 걷기는 수도修道이고 또한 정진이었다.

그는 평화운동가인 이시우 선생이다. 선생은 한반도 내의 대인지뢰 매설과 피해현황을 조사하고 발표를 했다. 그것은 매우 가치 있는 민간 보고서였고 시민 평화 감시의 한 전형을 보여준 사례였다. 그는 전쟁을 반대하고 평화를 도모하기 위해 노력하다가 국가보안법 위반으로 구속되기도 했다.

그를 만난 곳은 길 위에서였다. 매일 아침마다 그를 보았다. 우리는 급하게 차를 몰고 읍내로 가는 길이었고 그는 새벽 산책을 마치고 집으로 돌아오는 길이었다. 그의 발걸음은 늘 한결같았다. 빠르지도 않았고 그렇다고 느리지도 않았다. 그에게서는 어떤 경건함까지 느껴졌다. 그래서 인근 수도원의 수사님인 줄 알았다.

십여 년 전인 그때, 아침이면 중·고등학생이던 아들과 딸을 학교까지 태워다 주느라 바빴다. 등교 시간에 늦지 않도록 빨리 달리느라 한눈팔 틈도 없었다. 그런 우리와는 달리 늘 일정한 속도로 조용히 길을 걷는 사람이 있었다. 두 번의 계절이 바뀌도록 그는 여전했다. 그와 마주칠 때마다 궁금했다. 도대체 어떤 사람일까. 무슨 이유로 저렇게 경건하게 길을 걷는 것일까.

이듬해 봄에 정류장에서 버스를 기다리는 그를 보았다. 서울로 나가기 위해 읍내까지 가는 버스를 기다리고 있었다. 마침 나도 읍에 나가는 길이었기에 내 차에 타기를 권했다.

차에 타고 있어도 그는 걷고 있는 사람처럼 느껴졌다. 조용한 언사言辭가 그러했고 상대의 말을 경청하는 마음까지도 흔들림이 없었다. 그러나 그는 뜨겁게 끓어오르는 가슴을 가졌다. 누구도 하지 않은 일, 아니, 생각조차 해보지 않은 일을 준비하고 있었다.

한강 하구에 '평화의 배'를 띄우겠다고 했다. 한강 하구가 어디던가. 남북이 서로 총부리를 겨누고 대치하고 있는 곳이다. 강 중간에는 보이지 않는 금이 있어 누구도 그 금을 넘을 수 없고 아무도 건널 수 없는 물 울타리도 쳐져 있다. 그것들은 얼마나 강하고 견고한지 반세기가 지나도록 틈 하나 나지 않았다. 금단의 그곳에 평화의 배를 띄우겠다니, 진정 가당키나 한 일인가 말이다.

1953년에 맺은 정전협정에는 한강 하구에 대한 조항이 없다. 강원도 고성에서 강화도 말도까지 248킬로미터의 휴전선이 그어져 있지만 한강 하구에 대한 조항은 마련하지 않았다. 즉 육상 분계선은 그어져 있지만 해상에는 분계선을 긋지 않았다. 더구나 정전협정문 1조 5항에는 한강 하구 수역에 대한 민간 선박의 자유 통행을 허락하는 내용도 있다. 그런데도 분단과 이념의 벽이 한강 하구를 막아버렸다.

막혀 있는 한강 하구를 뚫는 것은 상징적인 의미가 클 것이다. 큰 둑도 손톱만큼 작은 구멍에서부터 허물어지기 시작한다고 하지 않던가. 한강 하구에 배를 띄우는 것은 곧 분단의 벽을 허물고 평화로 나아가는 길이기도 하다. 우리 민족을 옭아매고 있는 분단의 사슬을 한강 하구에 평화의 배를 띄우는 것으로 풀 수 있다니, 듣고 있던 내가 다 신이 났다. 반백년 이상 우리를 옭아매고 있던 관념의 울타리를 깨부수는 신선하고 기발한 발상이었다.

이시우 씨는 『민통선 평화기행』, 『유엔군사령부』, 『제주 오키나와 평화기행』 등의 책을 내었다. 그 모든 책들은 누구도 걸어가 보지 않은 길이었다. 아니, 길도 없는 광야였고, 황무지였다. 그곳에 그는 길을 만들었다. 오체투지를 하듯 온몸과 마음을 다해서 만든 길이었다.

걷는 일은 어찌 보면 땅과 힘겨루기를 하는 것이다. 두 발 중 한 발은 반드시 땅을 눌러야 앞으로 나아갈 수 있는 게 걷기이다. 그렇게 한 발 또 한 발 끊임없이 땅과 힘겨루기를 해서 마침내 목적지에 도달한다.

이시우 씨가 걷는 길은 도전과 항전의 연속이었다. 아무도 가지 않은 곳을 그는 걸었고, 그가 걸어간 곳에는 길이 생겼다. 그 길을 사람들은 따라갔다. 그래서 그 길은 차츰 넓혀졌고 탄탄해졌다.

지금 그는 또 하나의 길을 만들어 가고 있다. 한강 하구에 평화의 배 띄우기는 그가 만들어 가는 또 하나의 길이다. 한 발 한 발 힘들게 만들어 가는 그 길도 언젠가는 탄탄대로 넓은 길이 되리라. 민족의 자존과 자주, 평화와 통일의 길이 평화의 배 띄우기와 함께 열릴 것이다.

심도尋道로 드는 길

고구마 모종을 낸 다음날 비가 왔다. 밭에는 때 아니게 콩 볶는 소리가 났다. 고구마 고랑에 잡초가 나지 않도록 씌워놓은 비닐 위로 떨어지는 빗방울 소리가 꼭 양철지붕 위에 떨어지는 빗소리 같았다. 비를 맞은 고구마순들이 빳빳하게 허리를 곧추세우기 시작했다. 그야말로 단비였다.

오백 평이나 되는 땅에 고구마를 심었지만 내 손이 간 것은 별로 없다. 이웃들과 함께한 것이라 고구마 심기는 놀이이자 잔치였다. 큰일은 남자들이 한다 쳐도 소소한 일들이 왜 없을까. 그런데도 심도학사로 공부하러 가겠다는 아내를 남편은 좋게 봐주었다. 고구마 심기가 그의 놀이라면 심도학사는 내 놀이터라는 걸 그는 알고 있었던 것이다.

심도학사는 강화군 내가면 고려산 자락에 위치해 있다. 대한민국 학술

원 회원이자 서강대학교 종교학과 명예교수인 길희성 선생님이 연 공부와 명상의 집이 바로 그곳이다. 매주 금요일 저녁부터 일요일 낮까지 종교와 사상을 아우르는 깊고 넓은 강좌가 그곳에서 열린다. 동서양을 넘나들고 시대를 뛰어넘는 강의들이다.

2010년 가을이었던가, 강화나들길에서 인문학 걷기를 했던 적이 있었다. 그때 길희성 선생님을 처음 뵈었다. 그날 우리는 갑곶돈대에서 시작하는 강화나들길 2코스 '호국돈대길'을 걷고 전등사의 대조루 강당에서 불교와 기독교를 아우르는 강연을 들었다. 길희성 선생님의 '보살 예수'가 바로 그것이었다. 그리고 일 년쯤 뒤, 길희성 선생님은 고려산 자락에 '심도학사'를 여셨다.

'심도'라는 말은 깊은 곳에 닿는다는 뜻으로, 심오한 도리를 깨침을 이르는 말이다. 이 말에는 또 다른 뜻도 있다. 심도는 강화의 옛 이름이니 심도학사는 강화도에 있는, 심오한 도리를 깨치는 집이란 말이 된다. 길희성 선생님이 뜻하는 바에 가장 적확한 이름일 것 같다.

강화나들길 5코스는 '고비고개 넘는 길'이란 이름이 붙어 있다. 심도학사는 강화읍에서 고비고개를 넘어 내가면으로 가는 길목에 자리하고 있다. 5코스를 걸을 때면 심도학사를 바라보곤 했다. 그곳은 내게 뭔가 모르게 경외심을 불러일으켰다. 철학이나 명상과 같은 형이상학적인 것들을 배우고 익히는 곳이라는 생각이 들었기 때문이었다. 심도학사는 21세기의 강화학의 산실일 것 같다는 생각을 했다.

조선 숙종 때의 큰 학자인 하곡 정재두 선생은 중앙 정계를 떠나 벽지인 이곳 강화로 솔거를 했다. 하곡 선생은 당시 비주류였던 양명학을 배우고 익혔던 분이었다. 선생이 강화로 올 때 제자들도 역시 선생을 따라 왔으니, 참으로 대단한 결행이었다. 참된 자아의 각성과 생활 속의 실천을 중시하는 양명학은 지행합일을 추구하였다. 지식인의 사회 참여는 지행합일에 있다고 본다면 하곡과 그의 제자들은 실천하는 지식인이었다고 봐도 무방할 것이다.

심도학사를 연 길희성 선생님도 지행합일의 실천가이시다. 평생을 학문 연구에 매진하였으니 은퇴를 한 후에는 편안하고 안락하게 여생을 보낼 수도 있으리라. 그럼에도 사재를 털어 후학들을 이끌어주시니 이것이야말로 실천하는 지식인의 표본이 아니고 그 무엇일까.

심도학사를 향해 달린다. 저녁 어스름이 몰려오는 외포리 항구에는 성급하게 불을 밝힌 가로등들이 빛을 발한다. 육지에 맞닿은 바다에도 색색의 네온 불빛들이 어지러이 산란한다. 소비와 유흥으로 이끄는 불빛들이다. 그 불빛들을 지나 산속으로 난 길로 들어서니 피안의 세계인 듯 고요하고 적막하다. 어둠 속에 불빛이 보인다. 심도학사다.

밖은 깜깜한 암흑 천지였다. 그믐을 앞둔 하늘에는 한 줄기 빛도 없었다. 멀리 또 가까이에 사는 이들이 해월 최시형의 사상을 공부하러 심도학사로 왔다. 심도학사라는 한 줄기 빛을 따라온 사람들이었다.

수업에 들어가기 전에 잠시 명상의 시간을 가졌다. 산란했던 마음을 가라앉혀 지혜의 길로 들어서기 위함이었다. 자그마한 공이로 놋그릇을 살짝 치니 '뎅' 하는 소리가 울려 퍼졌다. 그 소리는 깊고 넓은 세계로 우리를 데려갔다. 소리의 파장은 한량없이 나아갔고 마침내 우리는 광대무변한 곳으로 스며들었다.

동학의 2대 교주인 해월 최시형은 평생 관군을 피해 도망 다니며 살았다. 길 위의 삶이 얼마나 위태롭고 신산했을까. 그럼에도 그는 깊은 통찰을 통해 많은 깨달음을 남겼다. 그가 남긴 말씀과 행적들은 모두 우리 민족의 밑바닥에 깔려 있는 선善함이 바탕이 된 것이었다. 그것은 또한 누구라도 들으면 행할 수 있는 것들이기도 했다.

우리 민족은 자연과 나를 하나로 보는 자연관을 가지고 있다. 우리의 의식 속에는 선험적으로 하늘과 땅의 이치며 사람이 살아가는 도리 등이 들어 있다. 마치 공기와 물처럼 아니면 어머니와 자식의 관계처럼 자연은 우리와 하나이다. 그래서 우리는 하늘을 공경하고 땅을 아끼며 함부로 하지 않는다.

또한 우리 민족은 착한 성품을 가지고 있다. 불어오는 바람 한 줄기에도 고마워할 줄 아는 게 우리다. 풀 한 포기에도 천지의 이치가 깃들어 있음을 알고 함부로 하지 않는다. 그런 밑바탕이 있는 우리 민족이었으니 해월의 사상, 곧 '사람이 곧 하늘이고 세상 모두를 공경하라'는 말은 특별할 것도 없고 새로운 것도 아니다. 그런 생각은 우리 마음 밑자락에 원래부터 깃들여 있기 때문이다. 해월은 그 생각들을 끄집어내어 일러주었고, 또 실제 삶을 통해 깨우쳐 주었다.

해월은 사람을 하늘로 섬겼을 뿐만 아니라 만물 모두를 공경하고 위했다. 그의 사상은 '삼경三敬'에 다 담겨 있다고 보아도 될 것 같다. 삼경이란 하늘을 공경하고 사람을 공경하며 천지만물을 공경하는 것이다. 하늘과 사람을 공경하는 데서 나아가 천지만물까지 다 섬기라는 말씀은 지금으로 봐도 참 파격적이다. 당시에는 반상班常과 남녀의 차별이 있었던 시대였는데 동학은 세상 모든 사람은 다 평등하다고 했으니 시대를 한참 앞서나간 생각이었다. 그래서 동학은 쫓기고 핍박을 받았던 것일 게다.

동학에 담긴 깊은 뜻을 배우고 익히자니 자꾸 옛 어른들이 생각났다. 그 어른들의 삶이 바로 해월이 주창했던 그 삶이었던 것이다. '조금 손해 보는 듯이 살아라', '내 집에 온 사람을 귀히 여겨라', '말 못하는 짐승이라고 함부로 하지 마라' 등등 그분들이 행하셨던 일들이며 말씀이 떠올랐다. 주어진 것에 감사하며 인간의 도리를 다하고 사셨던 어른들, 비록 이름도 빛도 없이 사셨지만 그 어른들의 삶이 바로 하늘의 길이었다는 생각이 들었다.

하늘의 길[天道]을 느끼는 시간이었지만 나는 마음이 그리 편치 않았다. 그것은 금요일 오후에 있었던 일들 때문이었다. 평소 아이들에게 화를 내지 않고 늘 웃는 낯빛으로 대한다고 생각을 했는데, 그날 나는 화를 내며 한 아이를 울리고 말았다.

체험학습을 갔다 온 아이들은 좀 느슨하게 풀어져 있었다. 그중 유독 두 아이가 공부를 하지 않고 시간을 흘려보내는 것 같아서 꾸중을 하였더니 눈물을 흘렸다. 마침 문밖에는 아이들의 엄마가 그 애들을 기다리고 있었는데, 내가 큰 소리로 화를 내며 꾸중을 하고 있었으니 그 엄마는 그걸 듣고 얼마나 난감했을까. 애들 공부를 독려하는 좋은 의미의 잔소리고 꾸중이라고 하더라도 내 아이가 안 좋은 말을 듣고 대우를 받는 것은 분명 불편하고 기분이 좋지 않을 것이다. 그래서 내내 그것이 마음에 걸려 하늘의 길로 들어가지지가 않았다.

해월은 사람을 하늘로 모시면서 어린아이에게도 함부로 하지 않았다.

그런데 나는 선생이라는 위치에서 아이를 내려다보며 꾸짖고 함부로 했으니, 사람을 하늘로 모시는 일은 말로는 쉽겠지만 실제로 행하기에는 결코 쉬운 일이 아니라는 생각이 들었다.

해월은 일하는 사람을 하늘로 섬겼다. 한번은 어느 집에서 묵고 있는데 베 짜는 소리가 들렸다. 그래서 해월이 그 집 주인장에게 길쌈을 하는 사람이 누구냐고 물으니 며느리라고 집주인이 말했다. 그러자 해월은 "길쌈을 하는 이는 한울님"이라고 했다. 일하는 이가 바로 하늘님이라는 인내천의 통찰을 볼 수 있는 일화이다.

우리는 손에 물 한 방울 안 묻히고 편하게 사는 삶을 최고라고 생각하며 그렇게 살기를 꿈꾼다. 내가 그런 삶을 누리기까지에는 수많은 사람의 수고로움이 밑에 깔렸음을 우리는 잊고 단지 편하게, 이름을 드높이 날리면서 살기를 꿈꾼다. 해월은 이름 없이 사는 사람들의 수고로움을 알았다. 일하는 손이 곧 하늘님이라고 말했으니, 우리 모두는 하늘님인 것이다.

나를 존중하고 상대를 공경하면 세상에 어찌 불평불만이 있으리오. 오직 화평만이 있을 것이다. 그럼에도 우리는 그 진리를 깨치지 못하고 늘 남을 원망하고 자신을 탓한다. 동학은 그러한 진리를 가르쳐준다. '세상 모든 것을 공경하라'는 가르침은 작은 물건 하나도 소홀히 하지 않으며, 모든 것을 소중히 여기라는 말씀이기도 하다. 우리 모두가 그 가르침대로 살면 물질과 욕망을 최고의 가치로 삼는 이 시대는 깨끗하게 정화가 될 것 같다는 생각도 들었다.

스승을 찾아 먼 곳에서 사람들이 왔다. 길희성 선생님은 앞장을 서서 길을 안내하셨다. 우리는 선생님이 놓아주는 디딤돌을 밟으면서 하늘의 길로 나아갔다. 복된 시간이었다. 밤은 깊어갔지만 배움의 불빛은 꺼질 줄을 몰랐다. 스승이 따로 없고 제자 또한 없었다. 먼저 간 사람이 내미는 손을 잡고 뒤를 따라가는 길, 바로 심도학사의 공부가 그러했다.

심도학사를 갔다 온 다음날 아침이었다. 남편이 고구마 밭을 구경하러 가지 않겠냐고 했다. 심은 지 하루밖에 지나지 않았는데도 고구마 모종들은 벌써 꼿꼿하게 허리를 펴고 있었다. 때 맞춰 내려준 비 덕분이었다.

고구마를 심을 때면 일손이 여간 필요한 게 아니다. 대개의 농사일이 그렇듯이 혼자서 하면 일은 줄지 않고 더디기만 하지만 둘이 손을 맞잡고 일을 해나가면 일머리는 훨씬 수월하게 풀려나간다. 그런데도 남편은 나를 심도학사로 보내주었다. 내가 하고 싶은 일을 하도록 마음을 써준 것이다. 돌아보니 남편이 바로 하늘님이었다.

한나절 동안 비가 왔다. 고구마에게는 더할 수 없이 고마운 비다. 고구마 모종들은 이 비를 맞으면서 '사름'을 할 것이다. 심도학사에 내딛은 내 발자국은 이 비에도 남아 있을까. 마음의 밭을 걸은 길이니 내 발자국은 온전하게 다 남아 있을 것 같다. 가끔씩 물을 주고 또 북을 돋워주면 내 발자국도 고구마 모종처럼 뿌리를 잘 내릴 수 있을 것이다. 하늘의 길[天道]을 걸었던 지난주였다.

교동 다을새길

막내아들이 입대를 할 날이 다가오는데도 친정언니는 아무렇지도 않은 모양이다. 벌써 세 번째 겪는 일이니 뭐 그리 새삼스러울 것인가. 그래도 군대에 가는 당사자는 그렇지 않은지 친지들에게 인사를 다닌다. 그 조카가 이모인 나를 보러 강화도까지 찾아왔다.

조카에게 오래 기억에 남을 추억을 만들어주고 싶어서 궁리를 하다가 '강화나들길'을 걷기로 했다. 강화의 자연과 사람을 두루 보여주는 데는 나들길만 한 게 없을 것이라는 생각이 들었기 때문이었다. 때마침 강화나들길 9코스인 '교동다을새길'을 걸을 거라는 아는 이의 연락이 있었던 참이라 조카를 데리고 길을 나섰다.

교동도는 강화도에서 배를 타고 약 십여 분간 가면 닿을 수 있는 작은 섬이다. 교동도의 나이 드신 어르신들 중에는 한국전쟁 때 난리를 피해 황해도에서 넘어온 사람들이 많다고 한다. 그만큼 교동은 황해도와 가까운 곳이다. 섬이지만 들이 넓어서 벼농사를 많이 하고 그 외 고추나 참깨, 그리고 고구마와 옥수수 같은 밭작물을 곁들여서 짓는다. 바다에서는 숭어와 망둥이 그리고 새우가 주로 잡히는데 김장철에는 김장용 새우를 잡는 배들이 바다에 떠 있는 걸 볼 수 있다.

특별하게 내세울 만한 문화유산이나 풍광은 그리 많지 않지만 그러나 크고 작은 유적들이 곳곳에 널려 있어 이야깃거리가 많은 섬이 바로 교동이다. 또 배를 타고 교동을 오가다 보면 섬 여행에서만 맛볼 수 있는 흥취도 느낄 수 있다. 하지만 강화도와 연결이 되는 다리가 완공되면 갈매기들에게 과자를 던져주는 풍경도 사라질 듯하다.

발전기 소리가 요란스레 울리는 배를 타고 교동으로 가자니 옛 생각이 난다. 십여 년 전에 남편은 교동에서 두어 해 근무를 한 적이 있었다. 그때 남편을 따라 몇 번 와봤던 곳이라서 그런지 교동도가 남다르게 느껴진다.

배가 교동의 월선포 선착장에 도착하자 차와 사람들이 일제히 배에서 내린다. 배를 쫓아 날아오던 갈매기들은 다시 바다로 돌아가 버린다.

오늘 걸을 길은 '강화나들길' 9코스인 '교동다을새길'이다. '다을새'란 교동의 옛 이름인 '달을신'에서 따온 것인데, 교동의 주산主山인 화개산에서 내려다보는 섬의 모습이 마치 구름 위에 떠 있는 것과 같으며 새가 하늘에 닿을 듯하다고 해서 달을신이라는 이름이 붙여졌다고 한다.

'다을새길'은 교동의 여러 유적지들과 화개산을 둘러서 가는 길이다. 도중에 고려 때 유학자인 안향이 중국에서 공자의 초상을 모시고 와서 세운 교동향교도 볼 수 있다. 또 연산군의 유배지 및 교동읍성 등도 둘러본다. 화개산에서는 북한의 연백평야가 눈 아래 펼쳐져 있으며 그 외 대룡리의 시장골목에 들어서면 오래된 건물들과 간판들이 지나간 옛 시절을 생각나게 해준다.

산 밑 동네의 감나무는 잎을 다 떨군 채 주황빛으로 물들어 있고 길가의 수숫대는 가을 하늘을 떠받치고 있는 양 껑충하게 서 있다. 들깨 냄새가 나서 고개를 돌려보니 작대기로 깨를 털고 있는 할머니의 굽은 등이 보였다. 시월의 양광陽光 아래 그 모든 것이 다 발갛게 물든 것처럼 느껴졌다.

교동도에서 가장 높은 산인 화개산을 오른다. 화개산은 높이가 300미터도 채 되지 않는 나지막한 산이지만 해발고도에 비해 꽤 높은 감이 든다. 육지와 달리 바다에서 바로 시작이 되는 산이다 보니 그런 듯하다. 비탈진 산길을 걷노라니 이마에 송골송골 땀이 맺힌다. 내 뒤를 따라오던 조카는 윗옷을 벗어 허리춤에 질끈 동여매었다.

조카와 함께 화개산에 오르자니 문득 십여 년 전 어느 봄날의 일이 떠오른다. 그때, 우리 집에 오신 친정아버지를 모시고 남편의 직장이 있는 교동으로 나들이를 하게 되었다. 남편은 달래가 많은 곳을 봐두었다며 캐러 가자고 했다. 남편과 나는 달래를 캤고 초등학생이던 두 아이는 뛰어다니며 놀았다. 그런 우리를 친정아버지는 흐뭇한 눈길로 바라보셨다.

달래를 캐고 내처 산으로 올라갔다. 산등성이에는 허리춤 높이 정도로 판 참호들이 산을 타고 길게 뻗어 있었다. 한낮에도 대남방송이 들리는 곳이라서 그런지 참호들이 예사롭게 보이지가 않았다. 아버지도 이리저리 둘러보며 관심을 보였다.

한국동란에 참전하셨던 아버지는 그 시절을 떠올리며 이야기하기를 좋아하셨다. 미군부대에 배속이 되었던 아버지는 참으로 많은 전장에서 전쟁을 겪으셨는데 북으로는 청천강에서 남으로는 거제도 포로수용소까지 여러 역사적 현장에 함께하기도 했다.

아버지가 들려주신 이야기에는 죽음이 느껴지지가 않았다. 적의 포위망을 뚫고 후퇴를 할 때의 아찔한 순간들도 지나고 보면 다 추억이 되는지 아버지는 신이 나서 그 장면들을 눈앞에 그려주곤 하셨다. 그러나 전쟁에 어찌 아픔과 두려움이 없었을까? 삶과 죽음의 갈림길을 숱하게 넘나들었을 아버지에게 전쟁은 두려움이었지 영광은 아니었으리라. 하지만 세월은 고통은 잊게 하고 추억만 남겨놓았다.

아버지는 당신의 어머니 임종을 보지 못했다. 심지어 돌아가신 지 한참이 지나서야 소식을 들을 수 있었다고 한다. 집에서는 연락을 하고 싶어도 할 길이 없었다. 전쟁터에 있는 자식이 어느 지역 어느 골짜기에 있을지 어찌 알 수 있을 것인가. 망자는 숨을 놓는 마지막 순간까지도 아들의 이름을 애타게 부르며 눈을 감지 못하셨다고 한다. 그때의 안타까운 정황을 생각하면 지금도 애통하기 짝이 없다.

어머니가 돌아가셨다는 소식을 들었을 때 심정이 어떠했을까. 꿈이었으면 좋겠다고 빌었을지도 모른다. 그러나 마음껏 울 수도 없는 처지였다. 늙은 조부님과 홀로 계신 아버지, 그리고 어린 동생들이 줄줄이 딸린 집이었으니, 아버지는 자신의 어깨 위에 큰 짐이 얹혀져 버린 듯한 느낌이 들었으리라.

아버지는 평생 개고기를 입에 대지 않으셨다. 언젠가 아버지에게 왜 개고기를 잡수시지 않느냐고 여쭤본 적이 있었다. 그랬더니 "돌아가신 어무이가 개를 묵지 마라고 생전에 말씀하셨거든, 내가 어매 돌아가시는 것도 못 봤는데 그거라도 지켜야제" 하며 덤덤히 말씀하셨다. 아버지의 애절한 효심에 가슴이 먹먹해서 애써 눈길을 다른 데로 돌렸다.

부모가 돌아가셔도 찾아볼 수 없는 게 전쟁터이다. 아들의 안위가 걱정이 되어 부모님이 애를 끓이는 게 또 전쟁이다. 그 막막함과 절절함을 어디에 비할 수가 있겠는가. 화개산의 '효자묘'에 전해 내려오는 이야기는 더 막막한 지경을 말해준다.

삼국시대에 홀아버지를 모시고 살던 젊은이가 아비가 평생 먹을 양식을 제공 받는 조건으로 부잣집 자제를 대신해서 교동의 화개산성에서 군역을 하게 되었다. 아비와 아들은 서로 약조하기를 매일 해 질 무렵에 북쪽 누각에 하얀 적삼을 걸어두기로 했다. 아비는 그것으로 아들의 생사를 확인할 수 있었던 것이다. 그러나 화개산성의 수장이 이를 적과의 내통으로 여겨 아들을 잡아 취조하는 며칠 동안 하얀 적삼은 누각에 달리지 않았다. 이에 아들이 죽은 줄 알고 비통해하던 아비는 스스로 목숨을 끊어버렸다. 나중에 이 사실을 알게 된 수장이 아비를 화개산성 안에 안장해주고 아들로 하여금 아비의 묘를 돌볼 수 있도록 했다고 하는 전설이 화개산의 효자묘에는 전해져 내려온다.

삼국시대의 그 아비도 그리고 한국동란 때의 우리 할머니도 자식을 전장에 보내놓고 노심초사하며 애를 끓이셨다. 세월이 흐르고 시절이 이렇게 좋아진 지금에도 그 상황은 여전하다. 남과 북의 젊은이들은 총부리를 서로 겨눈 채 병영에서 젊음을 소진하고 있다. 그리고 그 뒤에는 자식을 걱정하는 부모들의 노심초사가 있다. 부모의 마음이 남이라고 다르고 북이라고 또 다를 것인가. 자식을 생각하는 마음은 남과 북이 매한가지일 것이다.

이 시대가 우리 민족에게 요구하는 과제가 있다면 통일일 것이다. 더 이상 자식을 전장에 보내놓고 근심과 걱정으로 눈물을 짓지 않도록 우리 세대가 분단의 고리를 끊어야 한다. 화개산에서 바라다 보이는 북한 땅에도 가을이 왔는지 들판이 누렇게 물들어 있었다.

'바람길'에서 바람 들었다

일요일이라서 늦게까지 자도 괜찮다는 생각이 무의식중에 들었나 보다. 일어나 보니 시계는 오전 8시를 지나 9시를 향해 가고 있었다. 오늘 석모도에 간다고 했는데, 너무 늦은 것은 아닐까. 10시 배를 탄다면서 늦어도 9시 50분까지는 선착장에 꼭 나오라고 친구는 당부를 했었다.

아침상을 차리면서도 마음은 저울질을 한다. 지금 나서도 늦지는 않을 것 같은데, 갈까 말까 속으로 궁리를 하며 창밖을 내다보았다. 전날 밤에 늦도록 뭘 하느라 잠을 얼마 못 잤기 때문에 집에서 그냥 쉬고 싶다는 마음도 들었다. 그러나 한 번도 걸어보지 못한 '석모도바람길'을 걷고 싶다는 마음이 더 컸다.

햇수로 5년 이상 '강화나들길'을 걸었으니 어지간한 길은 눈을 감고도 걸을 수 있을 정도로 익숙하다. 어떤 길은 열손가락으로 꼽으면 손가락이 모자랄 정도로 많이 걸었다. 더구나 십여 년 전에 강화 일주를 두 번씩이나 했을 만큼 걷는 문화를 일찍 접했는데도 '석모도바람길'은 연이 닿지 않았다. 가까이 있는 섬인데도 바람길은 늘 나를 피해갔다.

석모도의 길을 걷지 않았던 건 아니다. 일주를 하다시피 섬을 샅샅이 걸었지만 나들길 코스로 지정이 된 '바람길'을 걸어보지 않았던 것뿐이다. 정식 코스로 지정이 된 길이냐 아니냐의 차이일 뿐 걷는 것은 마찬가지였다. 그래도 나들길 전 코스를 다 완주한 것은 아니니 누구에게 내놓고 나들길을 다 아는 양 말할 수가 없었다. 그래서 밀린 숙제를 하는 기분으로 석모도바람길 걷기에 따라나서기로 했다. 창밖을 내다보니 하늘은 조금 흐렸지만 이런 날이 오히려 걷기에는 더 좋다. 혹시 비가 온다고 하더라도 잠깐 지나가는 비일 테니 문제될 것은 없다. 그래서 서둘러 차비를 하고 길을 나섰다.

석모도는 본섬인 강화도에서 엎어지면 코 닿을 정도로 가까운 거리에 있지만 바다가 길을 막고 있어서 배를 타고 들어가야 한다. 원래 강화도와 석모도는 여러 개의 섬으로 나뉘어져 있었는데 고려시대 때부터 조선 후기까지 오랜 세월을 두고 바다를 메워 지금의 모양을 이루었다고 한다. 그렇다면 왜 강화도와 석모도를 연결해서 한 개의 섬으로 만들지 않았을까. 그것은 아마도 두 섬 사이를 흐르는 바닷물이 거세어서 메우지 못했을 것 같다. 하지만 현대의 기술은 그 세찬 바닷물조차도 굴복을 시킨다. 두 섬을 연결하는 다리를 놓는 공사가 한창 진행 중이니 머잖아 석모도는 섬이 아니라 육지가 될 것이다.

석모도에 도착하니 선착장 부근의 길가에서 햇과일들과 젓갈류들을 늘어놓고 장사를 하는 아주머니들이 있다. 말린 새우와 생선도 무더기로 쌓아놓고 덜어서 판다. 챙이 넓은 모자로 얼굴을 가렸지만 햇빛을 막기에는 역부족이었나 보다. 모두 얼굴이 검붉다. 이리저리 손님들을 향해 눈길을 보내며 하나라도 물건을 더 팔려고 애를 쓰는 그들에게서 강인한 생명력이 느껴진다.

강화도는 과거부터 근세까지 수도인 한양을 지키는 최전방 방위선으로 섬 전체가 요새要塞나 마찬가지였다. 강화읍을 이중 삼중으로 두르고 있는 성벽들하며 바닷가의 수많은 진陣과 보堡 또 돈대墩臺가 이곳이 군사적으로 매우 중요한 요충지였음을 나타내어 준다.

강화도의 장정들은 그 많은 구조물들을 쌓고 만드는 부역에 동원되어 허리가 휘도록 일을 했을 것이다. 한 차례 전쟁이 휘몰아칠 때마다 전장에서 죽어간 이들은 또 얼마나 많았을 것인가. 전화戰禍가 휩쓸고 지나간 잿더미 위에서 목숨줄을 부지하기란 또 얼마나 힘이 들었겠는가. 그래서 그런 걸까, 강화의 여인들은 강인하다. 각종 부역과 군역에 동원된 남자를 대신하여 가정을 돌보고 자식을 키운 건 여자들이었을 것이다. 전란 속에서도 살아남아 명맥을 이어가려면 그녀들은 강해져야 했다. 그 강인한 유전자는 대를 이어 내려왔고, 지금 시대에도 강화 여인들은 억척같이 일을 해서 살림을 일으킨다.

예전에 강화 인근 지역에서는 강화 출신 며느리를 얻으면 가문을 번성시킨다며 좋아했다고 한다. 강화 여자들이 생활력이 강했기 때문이었다. 그녀들은 한 푼 돈도 허투루 보지 않을 뿐만 아니라 주제 파악이 빨라서 지혜롭게 처신을 잘했다. 또 주관이 뚜렷해서 남의 이목에 끌려 다니지도 않았다. 이처럼 단단하고 굳건하니 과연 가문을 일으킬 만하지 않겠는가.

집에서 농사지은 푸성귀를 벌여놓고 손님을 부르는 할머니들에게서 강화의 힘을 보는 것 같다. 움직일 수 있을 때까지는 누구에게 기대지 않고 내 힘으로 벌어먹고 산다는 마음가짐으로 당당하게 사는 할머니들의 굽은 허리에 새삼 머리가 숙여졌다.

난전亂廛을 지나니 강화나들길의 안내 표지목이 보이고 바람이 왈칵 우리를 반겨준다. 바닷가 둑길을 따라 걷는 길이니 천지사방에서 바람이 불어온다. 과연 '바람길'이라는 별칭이 붙을 만하다. 그러나 가을 햇살 아래라서 그런 걸까, 바람은 우리의 머리칼을 부드럽게 쓰다듬으며 지나갈 뿐 험상궂지가 않다. 마치 장난이라도 치는 양 왔다가 가고 또 찾아오기를 반복한다.

오전 내내 바닷가 둑길을 걸었다. 왼쪽으로는 갯벌이 넓게 가슴을 열고 있다. 썰물이 들어 저만큼 물러나 있지만 밀물이 들 때를 바다는 호시탐탐 노리고 있다. 길 오른쪽으로는 논이 끝없이 펼쳐져 있다. 바다를 메운 땅이니 들이 얼마나 넓을 것인가. 그 논들은 바야흐로 황금색으로 물들어 가는데 바닷가 둑과 맞닿아 있는 논들은 어인 일인지 잡초만 무성하다. 한 뼘 땅도 허투루 놀리지 않는 농부들이 어찌해서 저 논들은 묵혀두는 것일까.

알고 보니 그 논들은 염전이었다. 몇 년 전까지만 해도 석모도에서도 소금이 나왔는데 그 소금은 질이 좋아서 인근에서 부러 찾았다고 한다. 그러나 지금은 소금을 만들지 않고 그냥 맥없이 땅을 놀리고 있다.

쌀도 소금도 다 논에서 난다. 벼는 민물을 먹고 자라지만 소금은 바닷물을 내뱉어야 만들어진다. 하나는 물을 먹어 살을 찌우고 또 다른 하나는 물을 몸 밖으로 내보내서 몸을 키운다. 그 둘은 쌍생아처럼 닮았다. 태양의 은총을 받아야 자랄 수 있는 점도 닮았고 하얀색으로 빛나는 점도 똑같다. 사람의 생명과 관련이 있는 귀한 작물이란 점도 또한 같다. 쌀이 없으면 사람들이 생명을 이어갈 수 없는 것처럼 소금 역시 생명 유지에 꼭 필요하다. 그렇게 중요한 소금을 생산하던 염전이 어쩐 연유로 이리 무가치하게 놀고 있을까.

석모도의 염전은 골프장으로 개발될 예정이라고 한다. 그 소문의 진위 여부는 알 수 없지만 놀고 있는 염전을 보니 그 말이 빈말이 아닐 것 같다는 생각이 들었다. 골프장과 염전을 경제적 가치로 매긴다면 어느 것이 더 중할까. 비중을 어디에 두느냐에 따라 그 가치는 달라질 것이다. 골프장보다는 염전 쪽에 더 점수를 후하게 주고 싶은 것은 비단 나뿐만은 아닐 것이라는 생각이 든다.

자연을 개발하여 이익을 추구하는 것도 좋지만 있는 그대로의 자연도 그 가치가 적지는 않을 것이다. 비록 그것이 당장에 가시적으로 드러나지는 않겠지만 그러나 보이지 않는다고 없는 것은 아니지 않을까 하는 생각을 하며 염전을 따라 길을 걸었다.

이제 해는 바다를 향해 걸음을 옮기며 눈썹바위 부처님이 계신 낙가산落袈山에 한참을 머물고 있다. 강화의 시인인 '함민복'은 눈썹바위라고 불리는 곳에 조성되어 있는 부처님을 보고 한 생각을 깨쳤다. 눈썹 밑은 눈동자이니 눈동자 바위에 새겨져 있는 부처님은 눈부처님이다. 상대방 눈동자에 상이 맺힌 내 모습이란 뜻의 눈부처. 내가 바라다보는 눈동자 바위에 내가 아니고 부처님이 보이다니, 그렇다면 내가 바로 부처가 아닌가. 눈부처님은 바라보는 일체 중생들을 다 부처로 만들어주신다. 하늘을 날아가는 새도 바람에 나부끼는 잎새들도 다 부처님이다. 일체 중생이 다 부처임을 눈썹바위 부처님이 말씀하신다.

가을 햇살 아래 바람과 함께한 하루였다. 종일을 바람과 놀았으니 나도 바람처럼 좀 가벼워졌을까. 좋고 나쁘고의 구분을 짓고 경계를 만들어서 편을 갈랐다. 내 편이 아니면 눈 아래로 보고 나와 같다 싶으면 무조건 반겼다. 쓸데없이 궁리하고 또 쓸모없는 것들까지 다 끌어안고 사느라 내 삶은 여백이 별로 없었다. 비어 있어야 채울 수 있는데 내 속에는 탐욕이 가득 차 있었다.

옹색한 내 마음자리를 바람이 좀 넓혀줬으면 좋겠다. 그래서 좋고 나쁘고를 구분 짓지 않고 경계를 만들지 않는 너른 사람으로 살고 싶다. 너른 마음은 또 비운 마음이기도 할 터이니, 바람이 비워준 그 자리에 또 욕심이 가득 찰지라도 그래도 지금은 좀 비워진 듯하다. 바람길에서 바람과 함께 걸은 덕분이다.

엄마의 바다

고 박완서 선생님의 고향은 경기도(현 황해도) 개풍군 청교면 박적골이라고 한다. 선생이 쓴 「엄마의 말뚝」이란 연작소설에는 그곳에서의 어린 시절이 동화 속의 이야기처럼 그려져 있다.

뒷동산에는 살구꽃이 피고 뜰에는 맨드라미에 채송화에 봉숭아며 분꽃들이 피고 지며 울 안을 밝혀준다. 화자는 그곳에서 조부모님을 비롯한 대가족들의 보살핌 속에서 따뜻한 어린 시절을 보냈다. 박적골에서의 꿈같은 시절은 여덟 살 무렵에 끝이 난다. 딸을 신여성으로 키우려는 모친의 손에 이끌려 서울로 올라왔기 때문이다. 그리고 스무 살 무렵에 전쟁이 터졌고, 그 후로 화자는 다시는 고향땅을 밟아 보지 못했다.

연작소설인 「엄마의 말뚝」에는 강화도가 여러 번 나온다. 강화도에는 한국전쟁 때 피난 왔다가 눌러 사는 개성 쪽 사람들이 많이 있다고 한다. 집안 내의 가까운 친척끼리 모여 살고 있는 동네도 있는데, 특히 바다를 사이에 두고 황해도와 마주보고 있는 양사면 쪽에 북쪽이 고향인 사람들이 많이 살고 있다고 소설에서는 말한다.

책에서는 강화도의 최북단인 양사면(소설에서는 양산면으로 나옴)에 화자의 어머니에게 재당질녀再堂姪女 뻘이 되는 친척이 살고 있다고 했다. 재당질녀라면 육촌 형제의 딸이니 예전 같으면 한 울타리 안에 살던 아주 가까운 친척이다.

이李씨 가로 출가해서 '잇집'이라 부르는 그 집을 어머니는 일 년이면 두세 번씩 찾아갔다. 같은 서울에 사는 하나밖에 없는 딸네 집에도 와서 주무시고 가시는 적이 없던 어머니가 강화도의 재당질녀 집은 나들이 삼아 훌쩍 가서 하루 이틀 묵었다 오시곤 했다고 책에는 나와 있다.

이씨 가의 종중산이라는 야트막한 뒷동산에 오르면 바로 발아래로 바다가 보이고 바다 건너로 북쪽 땅이 보였다. 섬과 육지 사이에 낀 바다는 강 너비밖에 안 돼 꼭 한강 이쪽에서 저쪽을 바라보는 정도의 거리감밖에 느껴지지 않았다. 바로 거기가 갈 수 없는 고향땅 개풍군이라고 생각하면 그 지호지간은 소름이 끼쳤다. 그러나 거기가 오빠의 무덤, 어머니의 상처라고 생각하면 그 바다의 너비는 가이 없었다. 당신 딴에는 자제하노라고 하는 것 같았지만 어머니는 적어도 1년에 두세 번은 잇집네를 다녀오고야 말았다. 그 목적이 순전히 뒷동산에 올라 그 바다와 그 바다 건너를 하염없이 바라보고자 함이라니. …(중략)… ― 「엄마의 말뚝 3」 중에서

만약 소설에 나오는 이야기들이 사실이라면 강화도는 박완서 선생에게 특별한 곳임이 틀림없다. 오빠의 무덤이기도 했고 또 어머니의 상처이기도 한 강화도를 제2의 고향으로 삼을 수도 있었을 것이다. 하지만 선생은 강화도가 아닌 다른 곳에 거처를 잡으셨고, 그곳에서 살다 돌아가셨다. 강화도는 소설 속의 공간일 뿐 실제는 다른 곳에서 고향을 찾으셨던 것이다.

〈이상문학상〉 수상작이기도 한 「엄마의 말뚝 2」에서, 소설 속의 어머니는 아들의 유해를 안고 강화도를 찾는다.

> *오빠의 살은 연기가 되고 뼈는 한 줌의 가루가 되었다. 어머니는 앞장서서 강화로 가는 시외버스 정류장으로 갔다. 우린 묵묵히 뒤따랐다. 강화도에서 내린 어머니는 사람들에게 묻고 물어서 멀리 개풍군 땅이 보이는 바닷가에 섰다. 그리고 지척으로 보이되 갈 수 없는 땅을 향해 그 한 줌의 먼지를 훨훨 날렸다. …(중략)…*
>
> *어머니의 모습엔 운명에 순종하고 한을 지그시 품어 삭이는 약하고 다소곳한 여자티는 조금도 없었다. 방금 출전하려는 용사처럼 씩씩하고 도전적이었다. 어머니는 한 줌의 먼지와 바람으로써 너무도 엄청난 것과의 싸움을 시도하고 있었다. 어머니에게 그 한 줌의 먼지와 바람은 결코 미약한 게 아니었다. 그야말로 어머니를 짓밟고 모든 것을 빼앗아간, 어머니가 도저히 이해할 수 없는 분단이란 괴물을 홀로 거역할 수 있는 유일한 수단이었다. —「엄마의 말뚝 2」 중에서*

「엄마의 말뚝」에 나오는 강화도는 세상의 모든 상처와 고통을 넉넉히 품어주는 곳이다. 대지와 바람 그리고 흘러가는 물빛까지도 고통 받는 이를 끌어안고 위로를 해준다. 전쟁의 혼란 속에서 아들을 잃은 어머니는 강화도에 찾아와 신성한 의례를 치르며 한풀이를 한다.

「엄마의 말뚝」은 작가의 개인적인 체험을 담은 자전적인 소설이지만 그 속에는 개인적 고통을 넘어 시대의 상흔이 담겨 있다. 소설 속에는 전쟁의 참상과 분단이라는 우리 민족의 아픔이 고스란히 들어 있다. 더구나 강화도 양사면의 바닷가에 쳐져 있는 철책 너머로 북한 땅을 한 번이라도 본 사람이라면 작가가 그려낸 이야기들이 마치 내 일인 양 느껴지며 분단된 조국의 현실 앞에 망연해지지 않을 수 없다.

소설 속의 어머니가 고향이 그리울 때면 찾았다고 했던 양사면을 찾아가 보았다. 강화읍을 지나 송해면을 거쳐 양사면으로 접어들자 검문소가 나왔다. 논에는 벼들이 푸르게 자라고 있었고 뿌옇게 해무가 낀 들판은 평화로웠다. 하지만 바다를 따라 철책이 높게 둘러쳐져 있는 이곳은 최전방 민간인 통제구역이다.

강화도의 다른 곳과 달리 북쪽 지역은 개발의 손길이 채 미치지 않아 조금은 한산한 모습이다. 바닷가를 따라 들어서는 펜션이며 식당들도 강화도 북단에서는 보기 어렵다. 민통선으로 묶여 있기 때문이다.

바닷가 둑에 쳐져 있는 철책은 민간인의 접근을 불허한다. 더구나 바다 한가운데에는 금까지 그어져 있다. 눈에는 보이지도 않는 그 금은 너무나 견고해서 도저히 지울 수도 없다. 물 울타리까지 쳐져 있으니 어느 누가 그곳을 넘어갈 수가 있으리오.

바다 너머로 북한 땅이 빤히 건너다보인다. 「엄마의 말뚝」에서 말한 개풍군이다. 안개 낀 뿌연 바다 건너 어딘가에 박완서 선생의 고향인 박적골이 있을 것이다. 고갯갈 중간에 장롱같이 생긴 큰 바위들이 여러 개 서 있거나 누워 있어서 '농바위 고개'라고 불렀다는 그 고개는 지금도 그대로일까? 고갯마루에 서면 개성 시내가 한눈에 내려다보인다고 선생은 말했었다.

개풍군이 알고 싶었던 나는 내친김에 지도를 펼쳐보았다. 축척이 십만분의 일인 정밀도로지도에도 또 관광도로지도에도 북한이 없었다. 도로명에다 주요 기관까지 세세하게 다 나와 있었지만 황해도 개풍군은 찾아볼 수 없었다. 지도책에는 북한이 없었다.

예전에 학교 다닐 때 보았던 사회과부도에는 우리나라 전체를 담은 지도가 책의 맨 첫 장에 있었다. 남북으로 길게 생긴 우리나라의 전체 모습을 다 담으려니 한 쪽으로는 다 담을 수 없어 두 쪽에 걸쳐 있었다. 그 지도의 이름은 '대한민국전도'였다.

사회과부도에는 남한뿐만 아니라 북한도 똑같은 비중을 두고 실었다. 백두산이 있는 북쪽의 함경도에서 최남단 제주도까지 우리나라 전체를 몇 부분으로 나누어서 차례차례 살펴서 보여주었다. 그 책을 보며 공부를 했던 우리는 북한의 지명뿐만 아니라 산맥이며 평야까지도 자연스럽게 알게 되었고 우리나라를 남한만이 아니라 북한까지도 포함해서 생각했다.

그렇게 공부를 해서 그런 걸까. 그때 우리의 소원은 통일이었고 꿈에도 소원은 역시 통일이었다. 그렇게 자란 우리 세대들은 통일은 반드시 이루어야 할 당면과제라고 여겼다. 그러나 어느 결에 〈우리의 소원은 통일〉이란 노래가 사라져버렸다. 이제 통일은 흘러간 레퍼토리쯤으로 치부가 되고 그 자리에는 다른 가치들이 들어선 것 같다.

지도책에 북한이 없더라는 이야기를 사람들에게 했더니 그들의 반응이 반반이었다. 그게 뭐 그리 대단한 일이냐면서, 북한을 여행할 것도 아닌데 지도는 왜 필요하냐는 사람이 있는가 하면 북한을 남의 나라인 양 밀쳐낸 우리들의 의식 변화를 통탄하는 사람들도 있었다. 우리 세대와는 달리 젊은 세대들은 통일에 대해서 그다지 크게 비중을 두지 않는 것 같다면서 안타까워하는 사람도 있었다.

지도책 이야기에서 어느새 대화는 통일로 나아갔다. 모두 통일을 해야 한다는 의견에는 일치했지만 통일을 이루기 위해서 우리가 할 수 있는 일이 뭐가 있을지 잘 모르겠다면서 한숨을 쉬었다. 통일은 너무나 큰일이어서 우리 같은 보통 사람들이 할 수 있는 부분이 있겠느냐는 말도 나왔다. 또 통일이 되면 못 사는 북한을 도와주느라 남한 사람들이 살기가 어려워질 텐데 하면서 걱정을 하는 사람도 있었다.

통일이 되면 뭐가 좋을지 이야기를 나누었다. 통일은 대박이라는데, 뭐가 좋아도 좋을 것이기 때문이다. 여행을 좋아하는 이는 북한을 구경할 생각을 하니 가슴이 설렌다고 했다. 새로운 음식을 맛보고 따라서 해먹기를 즐겨하는 이는 북한의 음식들을 맛볼 생각에 눈이 빛났다. 낯선 동네를 걸어 다니며 구경하기를 좋아하는 사람은 걸어서 북한 전역을 돌아보고 싶다며 벌써부터 엉덩이를 들썩였다.

거창하고 대단한 것을 생각할 때는 추상적으로 느껴지던 통일이 내가 좋아하는 일들과 연관 지어 생각하니 훨씬 가깝게 느껴졌다. 그 어떤 것을 상상하더라도 통일은 우리에게 기대 그 이상을 줄 것 같다.

그날 모임은 통일 이야기로 풍성했다. 통일이라면 뭔가 거창하고 대단해서 우리 같은 보통 사람들이 할 부분이 별로 없을 것 같았는데 우리가 할 수 있는 일들도 있을 것 같았다. 내 주변의 작은 것에서부터 출발하는 게 바로 통일로 가는 길이 아닐까. 〈우리의 소원은 통일〉이라는 노래를 즐겨 부르는 것도 어쩌면 통일에 이바지하는 길이 될 것 같다는 생각도 했다.

모임을 마무리하면서 모두 손을 잡고 〈우리의 소원은 통일〉 노래를 불렀다. 마주잡은 손에서 따뜻한 기운이 전달되었다. 굳건한 마음도 느낄 수 있었다. 노래를 부르는 우리들의 마음속에는 벌써 통일이 와 있었다.

미선 씨의 나들길

주말 아침인데도 버스 안에는 제법 사람이 많다. 나들이라도 가는지 평상시와 다른 옷차림을 한 사람들도 꽤 보인다. 서울 신촌을 출발해서 강화로 가는 3000번 버스는 합정역과 염창동을 지나 김포공항 건너편의 송정역에서 또 사람들을 태웠다. 길가에 서 있던 등산복 차림의 사람들 서너 명도 차에 올랐다.

버스는 김포시에서 한 무리의 사람을 내려놓고 다시 출발했다. 통진읍에서 또 서너 명이 내렸다. 이제 버스 안에는 사람이 얼마 남지 않았다.

버스 안은 조용하다. 아침 일찍 나오느라 잠이 모자랐는지 다들 눈을 감고 잠잠히 앉아 있다. 버스는 마치 제 혼자 굴러가는 것처럼 강화도를 향해 나아가다가 강화해협을 건넌다. 육지와 육지 사이에 끼여 있는 좁은 바다이니 거리라고 해봤자 얼마 되지 않지만 예전에는 이 좁은 바다가 천 리 만 리나 되는 것처럼 멀게 느껴졌을 것이다. 그러나 이제 강화도는 섬이 아니라 뭍이 되었다. 다리가 놓이면서 천형 같던 섬의 운명을 벗어나게 된 것이다.

다리를 건너니 곧 익숙한 풍경들이 눈앞에 펼쳐진다. 산등성이를 따라 구불구불하게 나 있는 성벽이 보이고 산마루엔 하늘을 향해 날아갈 듯이 서 있는 남장대南將臺도 보인다. 사람들의 눈길이 산으로 간다. 알 수 없는 안온함이 순간 버스 안에 전해지는 듯했다.

강화대교를 건너면 승객도 버스 기사도 다 느긋해진다. 그래도 성환 씨와 미선 씨는 마음이 급하다. 오늘 걸을 나들길이 부르는 듯해서 차가 채 서기도 전에 자리에서 일어났다.

강화터미널 안 관광안내소 앞에는 벌써 사람이 여럿 모여 있다. 부부의 얼굴에 환하게 미소가 어린다. 아는 얼굴들과 반갑게 인사를 나누고 모르는 사람들과도 새롭게 얼굴을 트면서 나들길 1코스를 걷기 시작한다.

강화터미널에서 출발하는 나들길 코스는 다섯 개나 된다. 1코스인 '심도역사문화길'을 비롯해서 5코스인 '고비고개 넘는 길'과 100년 전 강화를 글로 남긴 『심도기행』의 고재형 선비 생가로 가는 길인 6코스 '화남생가 가는 길'도 터미널에서 시작이 된다. 또 철종의 첫사랑을 만나러 가는 길인 14코스 '임금님의 첫사랑길'의 출발점은 강화터미널 근처에 있는 용흥궁 공원이고, 그 외 '고려궁 성곽길'도 터미널의 관광안내소 앞이 모이는 장소이다. 이렇게 터미널에서 출발하는 코스가 많은 건, 서울이나 인천 등에서 대중교통을 이용해 오는 사람들을 위한 배려라고도 볼 수 있다. 터미널은 강화도로 오는 버스들의 종착지이니 강화에 처음 오는 사람들이더라도 내릴 곳을 지나칠까봐 당황할 일이 없다.

미선 씨 부부는 걷기 마니아다. 전국의 어지간한 길은 다 가봤다고 해도 과언이 아닐 정도다. 제주도 올레길도 여러 번 걸었고 지리산 둘레길, 강릉 바우길 등등 이름난 길들은 다 걸어봤다. 그런 그이들이 재작년부터 주말만 되면 강화도로 달려온다. 강화나들길에 푹 빠져버렸기 때문이다.

서울 강서구 염창동이 미선 씨가 사는 동네다. 신촌을 출발해서 강화로 가는 3000번 버스는 염창동을 지나간다. 그러니 이 부부에겐 강화도로 놀러 가는 건 일도 아니다. 제주도 올레길, 지리산 둘레길을 갈 때는 먼 곳이라 휴가를 이용해 갔지만 강화나들길은 그럴 필요가 없다. 마치 이웃집에 놀러 가기라도 하는 양 가벼운 마음으로 나설 수 있으니 이보다 더 좋을 수가 없다. 아침에 집을 나와 종일 자연과 함께 놀다가 오후 느지막이 차를 타고 돌아가면 저녁은 집에서 먹을 수 있다. 서울에서 가깝다는 것이 강화나들길의 가장 큰 장점이다.

"나들길은 흙길이 많아서 참 좋아요. 꾸미지 않은, 있는 그대로의 자연을 볼 수 있는 길이 바로 나들길이에요."

길을 걷는 사람들의 입에서는 연신 이런 말이 나온다. 그런 말을 들을 때마다 성환 씨와 미선 씨는 마치 자신들에게 해주는 칭찬이라도 되는 듯 기분이 좋다. 처음 나들길을 걸었을 때 자신들이 느꼈던 그 기분을 다른 사람들도 같이 느끼니 신기하기도 하다.

포실포실한 흙길을 걸으면 마치 어린 시절 동네 친구들과 뛰어놀던 때로 돌아간 듯 마음이 가벼워진다. 나들길은 어린 시절로 데려가준다. 마음의 문을 꽁꽁 닫아놓고 살던 사람들도 나들길에서는 어느 결에 술술 풀어진다. 땅따먹기도 하고 공깃돌놀이도 하던 소년과 소녀가 되어 부드럽고 순해진다. 나들길은 처음 만나는 사람들도 십년지기처럼 만들어준다. 흙길이 품어주어서 그렇게 다들 부드러워지나 보다.

미선 씨의 배낭에 매달려 있는 모형들이 걸을 때마다 달랑댄다. 말 모양을 한 것도 있고 걸을 때마다 딸랑대는 종도 있다. 또 앙증맞도록 작은 물컵도 하나 달려 있다. 그이가 걸어온 여정을 말해주는 물건들이다. 그 중 가장 눈에 띄는 것은 단연 강화나들길 배너다. 강화나들길은 손수건보다 조금 작을 듯한 천에 각 코스를 상징하는 그림과 글씨를 새겨 넣은 배너를 만들어서 나들길을 처음 걷는 길벗들에게 선물로 나눠준다. 미선 씨도 처음 나선 나들길에서 선물로 받은 배너를 소중히 여겨 아예 배낭에 단단하게 옷핀으로 고정을 시켜놓았다.

'길들은 다 일가친척이다'라고 쓰여 있는 글귀에 자꾸 눈길이 간다. 제주 올레와 지리산 둘레길 또 기타의 모든 길들은 강화나들길과 일가친척이다. 그 길을 걷는 사람들 역시 모두 일가요 친척이 된다.

열심히 달려왔던 인생 60년, 이제 어느 정도 이루었다. 아이들도 다 제 앞가림을 할 만큼 자랐고 모든 게 순탄하게 잘 굴러간다. 이제 남은 건 두 부부의 건강이다. 그래서 찾은 나들길이었다.

미선 씨는 뒤를 따라 걸어오고 있는 남편을 슬쩍 돌아봤다. 늘 앞장서서 세파를 헤쳐 나갔던 남편이었다. 그래서 가정은 반석 위에 선 듯 평안했다. 남편이 메고 있는 배낭에는 물 한 병과 약간의 간식만 들어 있을 뿐 무거운 것은 아무것도 없다. 삶의 길을 헤쳐 오느라 허리가 휘도록 일했을 남편이 홀가분한 마음으로 걷는 모습을 보니 괜히 미선 씨의 콧날이 시큰해져 온다.

나들길이 있어서 참 좋다고 미선 씨는 생각한다. '열심히 일한 당신 떠나라'는 말처럼 열심히 살아왔으니 누릴 자격은 충분히 된다. 이제 두 부부는 나들이 하듯 '살방살방' 인생길을 걷는다. 그 길에 나들길이 함께한다.

초피산

매주 두 차례 만나서 같이 길을 걷는 모임이 있다. 환갑을 전후한 나잇대의 사람들이 모여 강화도의 산과 들길을 걷는다. 햇수로 육칠 년 가까이 모임이 지속되고 있으니, 구성원들 사이의 결속력도 대단하다. 자식과 가정을 위해 헌신한 분들이 이제는 한숨 돌리고 자신을 위해 하루를 보내는 것이다.

그분들 중 한 분이 같이 초피산에 가자고 전화를 했다. 초피산은 마니산과 연달아 있는 작은 산으로 높이래봤자 200여 미터밖에 되지 않는다. 우리 집에서도 그리 멀지 않은 곳에 있으니 놀이 삼아 갔다 오면 되겠다 싶어 요청에 응했다. 그런데 산에 가기로 한 전날 밤에 다리를 쭉 펴고 기지개를 켜는데 갑자기 장딴지가 뻣뻣하게 굳더니 몹시 아팠다. 다리에 쥐가 난 것이다. 간신히 굳은 근육을 풀었지만 다음날 아침에 일어나보니 장딴지가 단단하게 굳어 있었다.

장딴지가 굳은 걸 핑계로 산에는 가지 않기로 했다. 그러나 산에 가기로 한 시간이 다가오자 내 눈길이 저절로 시계로 갔다. 자꾸만 초피산이 눈에 어른거렸다.

그이들은 지금쯤 강화읍을 출발해 불은면을 지나고 있을 것이다. 그들이 올 길이 환히 보였다. 불은면을 지나면 전등사가 있는 온수리다. 초피산은 화도면 덕포리 동네 뒷산이니 온수리에서 잠깐 정차한 버스는 마니산을 향해 달릴 것이다. 나는 버스가 달릴 길을 그려보았다.

시계는 이제 막 열 시를 향해 가고 있다. 버스가 초피산 아래 마을인 덕포리에 도착할 시간이 다 됐다. 갈까 말까 속으로 갈등하던 나는 배낭을 메고 집을 나섰다. 나는 이미 길 걷기에 중독이 되어 있었다. 눈앞에 삼삼하게 산이 보이는데 어찌 그냥 집에 있을 수 있겠는가.

우리 집에서 초피산까지는 잠깐이면 간다. 집 앞의 들판 건너에 초피산이 있으니 들길을 가로질러 가면 5분도 채 안 걸릴 거리다. 농기계들이 다닐 수 있도록 닦아놓은 들길은 일직선으로 쭉쭉 뻗어 있어서 다니기에 좋다. 농번기에는 트랙터며 이앙기를 실은 트럭들이 지나갈 때도 있지만 그 외에는 비어 있으니 통행에 불편을 겪을 일도 별로 없다. 나는 시간을 절약하기 위해 농로로 들어섰다.

농로에서는 농기계들이 우선이다. 그러니 모내기를 하거나 추수를 할 때면 가급적 들길로 들어가지 않는 게 좋다. 길이 좁아 차 한 대가 지나갈 수 있는데, 만약 반대편에서 차가 온다면 서로 피할 길이 없다. 다행히 일정한 간격을 두고 서로 피해갈 수 있도록 해놓은 곳이 있지만 그래도 농사철에는 농로로 들어서지 않는 게 좋다. 농기계를 실은 트럭이 논가에 서 있을 경우 길을 좀 비켜달라고 하기에 여간 미안한 게 아니기 때문이다. 한참 일하고 있는 사람에게 차가 지나갈 수 있도록 기계를 좀 치워달라고 해야 하는데, 그러자면 농부는 일손을 멈추어야 한다. 그래서 가급적이면 일철에는 논길로 들어서지 않는데 그날은 시간이 급해서 그런 것을 챙길 사이도 없이 농로로 들어서고 말았다.

강화도는 고려시대 때부터 바다를 메워 논을 만들었기 때문에 들판이 무척 넓다. 이쪽에서 저쪽 끝까지 거리가 3~4킬로미터는 보통이고 그보다 훨씬 긴 들판도 많다. 그 너른 들에는 바둑판처럼 농로들이 잘 닦여져 있다.

초피산에 가기 위해 일직선으로 쭉쭉 뻗어 있는 들판 길을 속도를 내어 달리는데 아뿔싸, 저 앞에 트랙터 한 대가 서 있는 게 보이지 뭔가. 그 옆에는 벼 모종판을 잔뜩 실은 트럭까지 서 있었다. 이거 큰일 났다. 이제 와서 후진해서 빠져나갈 수도 없고, 참으로 난감했다.

이럴 때는 그냥 잠잠하게 기다리는 게 상수다. 괜히 나가서 차 좀 빼달라고 해봤자 그게 그거다. 어차피 차에 실은 짐들을 다 부려야 차가 빠져나갈 테니 그때까지 기다릴 수밖에 없다. 약속 시간은 다가오는데 길은 트일 기미가 보이지 않는다. 마음 같아서는 나도 내려서 모판을 들어 옮겨주고 싶었다. 묵묵히 기다리고 있는 내가 딱해보였는지 논 주인이 얼른얼른 일을 끝내고 길을 터주었다.

강화에는 큰 강이나 계곡이라고 할 만한 게 별로 없다. 대개 산에서 흘러내려오는 물들이 모여 큰 강을 이루는 게 정한 이치인데 강화는 섬이라서 그런지 크고 깊은 산도 없고 계곡 역시 변변찮다. 하천이라고 이름이 붙은 곳은 있지만 물을 가둬두는 수로에 더 가깝다. 그런 형편인데도 초피산 아래 마을인 덕포리에는 계곡이 있다. 비록 규모는 그리 크지 않지만 그래도 일 년 내내 깨끗한 물이 흘러내려온다. 졸졸 흐르는 물소리를 들으며 동네 길을 따라 올라갔다. 바위에 부딪히며 흘러가는 물소리가 반가웠고, 청량감도 들었다.

초피산은 보는 방향에 따라서 산의 모양이 달리 보인다. 남쪽 바닷가 마을에서 보면 꼭 여인의 유방처럼 봉긋한 모양인데 전등사가 있는 온수리에서는 마치 쇠 종을 엎어놓은 것처럼 보인다. 양도면 하일리에 있는 조선조 양명학의 대가였던 하곡 정재두 선생 묘소에서 보면 붓끝을 보는 양 뾰족하다. 그래서 사람들은 일부러 초피산을 문필봉文筆峰이라고 부르기도 한다. 큰 학자를 모신 산소가 있는 곳이니 문필봉이란 이름은 어찌 보면 딱 맞는 것도 같다.

산에 들어서니 세속을 떠난 듯 고요하고 청정하였다. 산길에는 고라니가 지나간 흔적도 보였다. 똥도 한 무더기 싸놓은 걸 보니 그 걸음이 편하고 좋았나 보다. 5월의 햇살은 통통 튀며 나뭇잎 사이를 건너다닌다. 햇살과 나뭇잎이 소꿉장난을 하는 것 같았다.

민달팽이 한 마리가 느릿느릿 길을 가고 있다. 땅에 무릎을 대고 엎드려서 한참을 지켜봤다. 내가 저를 지켜보고 있는 걸 아는지 민달팽이는 도무지 길을 갈 생각을 하지 않는다. 참을성의 한계에 도달한 나는 달팽이를 살며시 건드렸다. 그제야 반응을 보이며 몸을 움츠린다. 세상을 향해 뻗었던 더듬이도 황급하게 안으로 들여 버렸다.

동네와 바짝 붙어 있는 산인데도 한 걸음만 산속으로 내딛으면 마치 별세계인 양 딴 세상이 된다. 먼저 간 일행들은 어디쯤 가고 있을까. 깊지도 않은 산인데 사람 소리가 하나도 들리지 않는다. 그들보다 내가 먼저 온 모양이다. 이왕 혼자 걷는 걸음이니 즐기기로 했다. 햇살에 뺨을 내밀어 주기도 하고 연둣빛 잎새와 손을 잡기도 했다.

그렇게 한참을 노닥거리고 있는데 사람 소리가 들렸다. 오늘 같이 걷기로 한 일행들이다. 나보다 한참 먼저 산에 든 줄 알았는데 이제야 올라오고 있다. 강화읍에서 버스를 타고 온 그들은 초피산 밑 동네인 덕포리에서 내리지 않고 그 앞 동네에서 내려 걸어왔다고 한다. 산을 오르내리는 시간을 다 합해봐야 두 시간도 채 걸리지 않는 초피산만 걷기에는 양에 차지 않아서 일부러 그렇게 한 모양이었다.

가파른 길을 오르느라 힘들었는지 정상에 오르자 모두 숨을 내쉬며 올라온 길을 내려다본다. 환갑을 넘나드는 분들인데도 생기가 넘치고 발랄해 보인다. 자연을 품에 안은 덕분에 얻은 젊음이리라.

땀을 좀 거둔 다음에 그늘에 자리를 잡고 싸온 점심밥을 펼쳤다. 쌈에 나물에 고기볶음까지, 잔치가 따로 없다. 화기애애하게 밥을 나눠먹었다. 산에서 먹는 밥이 맛있어서 길을 나선다며 우스갯소리를 하는 사람도 있었다.

그분들은 내처 마니산에 오르기로 했다. 5월의 유혹을 받아들이기로 한 모양이었다. 신록과 햇살을 따라가면 마니산도 수월하게 오를 것이다.

오후 일정이 있던 나는 갈림길에서 그들과 헤어졌다. 산기운을 듬뿍 받고 와서 그런지 오후 내내 힘들지가 않았다. 없는 시간을 내어 산에 가기를 잘했다. 역시 자연은 최고의 치료사였다.

제2부

내 친구 참나무

내 친구 참나무

불길이 화르르 피어올랐다. 불기운을 죽이기 위해 젖은 낙엽을 긁어다 타오르는 불길 위에 덮어씌웠더니 이번에는 뭉클대며 연기가 솟아오르지 뭔가. 저절로 눈길이 산으로 갔다. 산불 감시 망루에서 봤을 것 같다. 아니나 다를까 얼마 안 있어 오토바이 한 대가 우리 집 마당으로 들어섰다. 산불 감시원이다. 모자를 푹 눌러쓴 그 사람은 처음 보는 얼굴이었다. 전부터 알고 지내던 사람 같으면 따로 변명하지 않아도 이 정도 태우는 것은 눈을 감아줄 테지만, 초면인 이 사람에게는 그런 게 통하지 않을 것이다. 그래서 나는 구차하게 변명을 늘어놓으면서 기세 좋게 타오르는 불더미에 물을 끼얹었다.

불길이 다 사그라지는 걸 보고서야 감시원은 꺼두었던 오토바이의 시동을 다시 걸었다. 그리고 내게 조심하라며 일침을 가하는 것도 잊지 않았다. 산 접경지역에서 허가를 받지 않고 쓰레기를 태우면 많게는 백만 원에 이르는 과태료를 낼 수도 있다면서 꼭 낙엽을 태워 없애려면 아침 일찍 하라는 조언까지 해주고 떠났다. 그 시간에는 이슬에 젖은 낙엽이 축축할 뿐만 아니라 바람이 잦아 있는 시간대라서 불길이 다른 곳으로 번질 위험이 적다고 했다. 하지만 그보다는 이른 시간이라 산불 감시 망루에 사람이 없을 것 같다는 생각이 먼저 들었다.

시골로 이사하려고 집을 보러 다닐 때 돌담이 있는 집이었으면 좋겠다는 생각을 했다. 그리고 한 가지 더 욕심을 부린다면 나무가 많은 집을 구하고 싶었다. 그때 만난 게 지금 우리가 살고 있는 집이다. 돌담은 없지만, 나무는 많은 집이었다.

아름드리 참나무 몇 그루가 집을 따라 둘러 서 있고 또 바로 뒤는 밤나무 동산이다. 울타리 안에는 커다란 감나무며 뽕나무에 몇십 년은 족히 나이가 들어 보이는 능소화나무도 있다. 그래서 주저하지 않고 선택한 집이었다. 돌담은 없지만, 대신 너른 들판과 뒷산을 덤으로 얻었다.

참나무의 큰 둥치를 따라 눈길을 위로 보내면 서로 의논이라도 한 양 가지들은 제가끔 알맞은 자리에서 밖으로 뻗어 있다. 큰 가지는 작은 가지 여럿을 데리고 있다. 그 일목요연함은 전체가 하나를 위하고 하나는 또 전체를 담고 있는 듯했다. 그러나 딸네 집에 놀러 오셨던 친정아버지는 우리 집이 자리를 잡은 모양새를 보고 내내 걱정하셨다. 집이 산 밑에 바짝 붙어 있는 데다가 큰 나무들이 집 주변을 에워싸고 있는 점이 못내 염려스러운 듯했다. 혹여 이웃이 잘못해서 산불이라도 내면 우리 집은 그 불을 피할 수 없을 거라면서 이상만 추구하고 현실을 도외시한 딸네를 딱하게 여기셨다. 그리고는 집 뒤꼍에 쌓여 있는 낙엽을 치우면서 큰 나무들은 없애라는 충고를 하시길 주저하지 않으셨다.

사실 아버지 말씀이 옳을지도 모른다. 큰 나무가 집 근처에 있으면 나무 그늘이 져서 집 안이 어두울 뿐만 아니라 혹시 비바람에 나무가 부러져 쓰러지는 일이라도 생기면 큰일일 터였다. 또 낙엽을 치우는 것도 일이라면 일일 것이다. 그러나 집을 보러 다니던 그때 우리 눈에는 나무만 보였다. 잎이 무성하면 낙엽 또한 많으리란 걸 계산해야 했는데도 그런 것은 생각할 줄도 몰랐다. 아니 설사 낙엽을 생각했더라도 그때 우리에게 낙엽은 낭만이고 환상이었지 생활로 이어서 생각하지는 못했다.

처음에 좋게 여겼던 것들도 살다 보니 너무나도 당연한 것으로 생각하게 되었다. 봄날의 새순이나 여름날 나무의 그 짙은 녹음綠陰은 일상으로 스쳐 갔다. 하지만 늦가을과 겨울 동안의 낙엽 처리가 문제였다. 그냥 놔두면 집 주변이 온통 어수선해지고 긁어서 아궁이에 태우려니까 그것도 일이었다. 낭만은 잠깐이고 처리해야 할 일거리는 겨우내 내게 숙제로 남았다.

봄이 되니 여기저기에서 연기가 피어오른다. 농사를 지을 준비를 하느라 밭을 말끔하게 다듬는 게다. 논두렁도 태우고 고춧대와 들깨 단 같은 농사 부속 쓰레기들은 밭 한가운데 쌓아두고 불을 붙인다. 동네 이곳저곳에서 하얀 연기가 뭉클대며 피어오르는 게 이즈음의 농촌 풍경이다.

우리 집도 봄이 되면 바빠진다. 봄기운이 돌면 괜스레 마음이 설렌다. 그래서 낙엽을 긁어모아 불을 붙였다. 바람도 없는 날인 데다 별스러울 것도 없는 낙엽 조금을 태우는 것일 뿐인데 어느새 산불 감시원이 찾아온 것이다. 산 밑에 있는 집이라서 멀리서 보기에는 꼭 산불이 난 것처럼 보인 것일까.

산림과 가까운 곳에서 허가 없이 불을 놓는 경우에는 백만 원 이하의 과태료를 물게 된다고 한다. 그러니 허가를 받고 불을 놓으라고 산불 감시원은 내게 말했다. 하지만 일을 하다가 보면 언제 신고를 하고 그럴 틈이 있겠는가. 눈에 보이면 바로 치우게 되는데, 그럴 때마다 일일이 신고를 하고 허가를 받기에는 번거로울 수밖에 없다.

이렇게 늘 거추장스럽게 여겼던 낙엽이었는데 이제는 그것도 옛날 일이 되어가고 있다. 집 뒤의 동산이 택지로 개발이 되고 있기 때문이다. 밤나무가 무성하던 뒷동산은 이젠 흙이 붉게 다 드러난 채 방치되어 있다. 서둘러 전원주택 용지로 개발했지만, 웬일인지 집이 들어서지는 않았다. 대신 여름에 비가 오면 붉은 물이 우리 집으로 흘러 내려온다. 맨몸으로 비를 맞는 뒷산이 흘리는 붉은 눈물이다.

밤나무 동산은 사라졌지만, 참나무 몇 그루는 살아남았다. 우리 집과 뒷산의 경계에 서 있었기 때문에 죽음을 면할 수 있었다. 이사를 들어올 때 참나무 밑둥치에 막걸리를 부어주며 잘 살겠으니 지켜달라고 빌었던 나무들이다. 그러니 우리가 사는 모습을 언제까지나 지켜봐 줬으면 좋겠다.

지난겨울은 '삼한사온'이란 말이 무색하게 연일 북풍한설이 몰아쳤다. 집 뒤를 둘러싸고 있는 참나무들은 추위를 어떻게 견뎌냈을까. 한두 해 살았던 몸도 아니니 지난겨울의 추위가 새삼스러울 리도 없었을 게다. 춥다면서 호들갑스럽게 동동거리는 우리를 내려다보며 혹여 혀를 찼던 것은 아닐까. 아니면 곧 봄이 오니 조금만 참으라면서 응원의 박수를 쳐주었을까. 오늘도 참나무들은 지나가는 바람에 몸을 내맡기면서 기분 좋은 듯 가볍게 춤을 추고 있다.

천원 한 장

겨울이 되자 바깥마당에 있는 벤치는 할 일이 없어졌다. 찬바람이 횅하니 불어대는데 밖에서 놀 사람이 어디 있겠는가. 그래서 보기 좋은 그림으로만 마당 한쪽에 놓여 있을 뿐이었다. 그러던 벤치가 최근에 일을 하나 맡게 되었으니, 토끼들의 쉼터가 바로 그것이다.

지난봄에 읍내 장에 갔다가 어린 토끼 한 쌍을 사와서 닭장에 넣어두었다. 토끼는 닭들과 사이좋게 잘 지내는 듯했지만 얼마 안 가 닭장을 둘러친 철망 밑으로 땅굴을 파고 밖으로 탈출을 했다. 그때부터 우리 집 토끼들은 집 주변을 돌아다니면서 자급자족하고 있다. 토끼들이 닭장 안에 있을 때는 매일 풀을 뜯어다 줘야 해서 번거로웠는데 밖에서 사니 돌볼 필요가 없어 편해서 좋았다.

처음에는 토끼들이 곁을 주지 않았다. 마당에 일렁거리기만 해도 줄행랑을 치기 바빴다. 그런데 한 집에서 오래 지내다 보니 그들도 이제는 무덤덤해졌는지 근처에 가도 도망을 가지 않는다. 낯선 사람이 오면 부리나케 도망을 가버리지만 늘 보는 나는 경계 대상에서 제외가 되었나 보다.

언젠가부터 토끼는 벤치 아래에서 놀았다. 그곳은 토끼에겐 쉼터인가 보았다. 무릎을 땅에 대고 자세를 낮추어서 토끼의 눈높이로 사방을 바라보니 제법 안전해 보인다. 누가 나타나면 잽싸게 달아날 수도 있고 또 몸도 가려주니 토끼는 그곳이 편안했는지 마당에만 나오면 벤치 아래에 머문다. 오늘도 산에 가려고 밖에 나오니 아니나 다를까 토끼들이 그곳에 있다. 바닥에 흩뿌려둔 배춧잎을 갉아먹으면서 귀를 쫑긋댄다. 먹을 게 없는 겨울이라 그것도 감지덕지인지 야물게도 오물대며 먹는다.

봄부터 가을까지는 사방에 풀이 지천인지라 토끼들이 뭘 먹고 사는지 궁금하지 않았다. 하지만 무서리가 내리고 풀들이 다 말라버리자 걱정이 되었다. 먹을 게 있기나 한 걸까, 혹시 굶고 있는 건 아닐까. 그래서 겉절이용 채소를 사와서 소나무 아래 놔뒀더니 며칠이 안 가 다 먹어치우는 게 아닌가. 그 이후로 반찬거리를 살 때면 토끼가 먹을 만한 채소들도 잊지 않고 꼭 챙긴다. 봄부터 가을까지 제 힘으로 살았으니 겨울을 날 동안은 챙겨줘야겠다는 생각으로 며칠에 한 번씩 채소를 사와서 야외 벤치 아래 놓아두었다. 마당에서 뛰어다니며 노는 토끼를 보는 즐거움이 큰데, 그 정도 수고는 마땅히 해줘야 할 것 같았다.

벤치 아래에 있는 토끼를 보니 예뻤다. 나를 믿고 곁을 주는 토끼가 귀여워서 한참을 바라보다가 산을 향해 길을 나섰다. 집 근처에 마니산이 있어 가끔 찾는데, 연말도 다가오고 해서 일부러 간 길이었다. 올해가 다 가기 전에 마니산에 한번 올라가봐야겠다는 생각을 한 사람은 나뿐만은 아닌 모양이다. 평일엔 거의 비어 있다시피 하던 주차장에도 차들이 가득했고 든든하게 옷을 차려입은 등산객들이 삼삼오오 짝을 지어 산으로 오르고 있었다.

동네 할머니 몇 분이 주차장 들머리에 전을 펼치고 잡곡이며 말린 시래기 등속을 팔고 있다. 주말이라 사람이 많으니 장사도 잘될 것이다. 무청 말린 것을 보니 토끼가 생각났다. 데쳐서 된장찌개에 넣거나 무쳐 먹어도 맛있지만 그보다는 토끼 먹이로 더 좋을 것 같아 두어 다발을 샀다. 사람 먹을 것을 토끼에게 준다고 하면 할머니가 어이없어 할 것 같아 아무 소리도 하지 않았다. 하지만 토끼도 먹어야 살 수 있으니 어찌 하겠는가.

매표소를 지나 조금 올라가니 손 팻말을 든 초등학생 몇이 보인다. "안녕하세요, 국제구호단체인 'JTS'입니다. 굶고 있는 아이들을 도와주십시오."라고 외치며 인사를 꾸벅 한다. 추운 날씨도 아랑곳없이 소년들은 밝은 얼굴로 거리 모금을 하고 있었다. 그런 아이들이 대견한지 다들 그냥 지나치지 않고 모금함에 돈을 넣는다.

마니산 아래에 있는 초등학교 학생들이 연말을 맞아 봉사활동을 하러 나왔다. 주말이면 집에서 빈둥거리며 텔레비전을 보거나 컴퓨터 게임을 하고 싶을 텐데 이 추운 날에 가난한 이웃 나라의 친구들을 생각하다니, 모금을 하는 학생들의 마음이 참으로 아름다웠다.

대여섯 살이나 되었을까 한 자그마한 아이가 모금함에 돈을 넣는다. 아이는 스스로가 대견한지 뿌듯한 미소를 짓는다. 아이에게 돈이 아깝지 않냐 하고 물어보니 "엄마가 불쌍한 아이들을 도와줘야 한다고 했어요."라고 말한다. 어릴 때부터 주변을 돌아볼 줄 아는 이 아이는 마음이 따뜻한 어른으로 자랄 것이다.

천 원짜리 한 장으로 살 수 있는 건 그리 많지 않다. 그러나 그 돈이면 제3세계 어린이에게는 밥이 되고 약이 되며 또 학교가 된다. 또 오천 원이면 일 년치 문구류를 지원해줄 수도 있다고 모금활동을 하는 아이가 내게 설명을 한다. 어른인 나도 잘 모르는 것을 어린 학생들이 다 알다니, 대견한 마음이 들었다.

모금을 하는 이들의 어깨띠에는 '굶주리는 아이들의 엄마가 되어 주세요.'라는 문구가 적혀 있다. 배가 고픈 아이에게는 먹을 것을 주고, 아픈 아이는 치료해주며 제때 배우지 못하는 아이에겐 배움의 기회를 주는 것, 그것이 바로 엄마가 하는 일이다. 국제구호단체인 'JTS'가 굶주리는 아이들의 엄마가 되어주고 있었다.

조금 전에 토끼 먹이로 쓰려고 무청 시래기를 오천 원씩이나 주고 샀다. 그 돈이면 가난한 나라의 불쌍한 아이들에게 일 년치 문구류를 지원해줄 수도 있고 또 예방 백신을 공급할 수도 있다. 그러나 내겐 먼 나라의 그 아이들보다 눈앞의 토끼를 먹여 살리는 게 더 급선무였다. 그래서 나도 다른 사람들처럼 모금함에 찔끔 지전 한 장 넣어주는 것으로 체면치레만 했다.

남을 돕는 일은 한번으로 끝낼 게 아니라 작은 돈이라도 꾸준히 도와주는 게 좋을 것이다. 하지만 나는 한번 도와주고는 마치 내 할 일을 다 한 것처럼 여기며 산을 올랐다. 모금을 하는 아이들의 어깨띠에 적혀 있는

'굶주리는 아이들의 엄마가 되어 주세요'라는 문구가 마음에 걸렸지만, 그것은 내가 관여할 일이 아니라고 여기며 애써 시선을 다른 곳으로 돌렸다. 토끼를 불쌍히 여기는 마음을 가난한 나라의 어린이들에게도 나눠 주면 좋을 텐데, 나는 아직 그 경지까지는 가지 못했나 보다.

* JTS(Join Together Society)는 국제 기아·질병·문맹 퇴치를 목적으로 활동하는 NGO입니다. 가난과 신분적 차별 때문에 배우지 못한 채 굶주림과 질병에 시달리며 살아가는 지구촌의 어려운 이웃들에게 함께 나눔으로써 인류애를 실천하고자 하며, 인도 등 제3세계에서는 기아, 질병, 문맹 퇴치 및 구호사업을, 북한의 굶주리는 어린이들에게는 영양식을 지원하며, 서로 돕는 인류공동체를 실현하고자 하는 국제구호단체입니다.

두부밥

정훈이 엄마와 아빠의 고향은 백두산 자락 아래다. 겨울이면 눈이 가슴께까지 쌓인다는 그곳에서 태어나고 자란 그들은 새로운 삶터를 찾아 남쪽으로 건너왔다.

"우리 집에서 백두산까지는 100리밖에 안 떨어졌시요."

고향 이야기를 할 때면 늘 이 말부터 시작하는 게 정훈 엄마의 입버릇이다. 그럴 때 그녀의 눈빛에서는 어떤 자부심 같은 것도 느껴진다. 민족의 성산인 백두산을 바라보며 자랐다는 긍지 같은 것일까, 아니면 갈 수 없는 고향을 그리는 아련함일까.

지난봄에 정훈이 엄마와 함께 북한 음식인 '두부밥'을 만들어 먹기로 했다. 두부밥이라…. 과연 어떤 맛일까. 듣도 보도 못한 이름에 궁금증이 동한 사람들은 두부며 찹쌀 같은 준비물들을 챙겨서 모였다. 입맛만큼 보수적인 게 없다는데, 과연 남한 사람인 우리들에게도 북한 음식인 '두부밥'은 맞을까.

정훈이네와의 인연은 1년 전으로 거슬러 올라간다. 우리가 사는 강화도 인근에 북한을 이탈해서 남한으로 내려온 '새터민'이 살고 있는데, 남한 사회에 뿌리를 내리고 잘살 수 있도록 보살펴주면 어떻겠냐고 누군가 제안했다. '북한 이탈 주민'이란 단어는 언론을 통해 들어 익히 알고 있었지만, 북한 출신 사람을 직접 본다는 건 생소했다. 그들은 언론에서나 듣고 보는 사람이었지 우리 곁에서 함께 어울려 사는 사람이라고는 느끼지 못했던 것이다.

우리는 약간의 신기한 마음을 가지고 정훈이네를 찾아갔고, 그곳에서 우리와 다름없는 사람을 만났다. 말씨가 조금 달라서 그렇지 사는 것은 우리와 똑같았다. 백일을 갓 넘긴 아기를 가슴팍에 품고 젖을 물리는 모습이며, 아기를 어르고 달래는 모습도 전혀 이질감이 들지 않았다. 밥을 먹을 때 김치를 찾는 것도 우리네와 똑같았다. 분단으로 인해 근 70년간 떨어져 지냈지만 여전히 한 몸뚱이, 한 민족임을 실감했다.

올 때가 다 됐는데 정훈이 엄마가 오지 않는다. 혹시 길을 잘못 들어 헤매는 건 아닐까 하면서 조바심을 내는 찰나에 전화가 왔다. 강화도행 버스를 탄다는 게 그만 반대 방향으로 가는 차를 타버린 모양이었다. 당황을 했는지 목소리마저 떨렸다.

우리에게는 아무렇지도 않은 일이 새터민인 그녀에게는 낯설기만 하다. 버스를 타는 것도 익숙하지 않아서 그만 반대 방향으로 가버렸으니…,

다른 일들이야 말해 무엇 할까. 그러니 하루하루 사는 게 어쩌면 '살아내는 것'일지도 모른다는 생각이 들었다.

강화도로 온 정훈 엄마의 얼굴이 핼쑥했다. 얼마나 마음을 졸였는지 오자마자 찬물을 연거푸 두 컵이나 마셨다. 그러고 나서야 정신을 수습하고 오늘 함께 해먹기로 한 '두부밥'에 대해 조목조목 가르쳐줬다.

두부밥은 이를 테면 '유부초밥'과 비슷하다. 그러나 둘은 남한과 북한의 차이만큼이나 다른 음식이다. 튀긴 두부 속에 밥을 넣는 것은 같지만 유부초밥이 새콤달콤한 맛이 나는 것과 달리 두부밥은 맵다.

"두부밥은 콧물이 쑹 나며 열이 확 오르게 매워야 해요. 이거 하나 먹으면 감기도 뚝 떨어져요."

고향 음식을 소개하는 게 좋은지 정훈 엄마가 재빠르게 손을 놀린다. 속이 깊은 프라이팬에 넉넉하게 기름을 붓고 자글자글 끓인 후에 빻은 마늘과 고춧가루를 함께 담아놓은 그릇에 끓는 기름을 부었다. 겨울이면 영하 20~30도는 보통이고 눈이 가슴까지 쌓인다는 백두산 아래 마을이라서 그런지 기름을 많이 쓴다. 추위를 이기려면 지방층을 두껍게 쌓아둬야 해서 그렇게 기름을 많이 쓰는 걸까, 아니면 중국과 가까워서 음식이 기름진 걸까.

두부밥을 만드는 방법은 다음과 같다. 먼저 두부를 삼각형이 되게 반으로 자른다. 그다음에 약 7밀리미터 정도 두께로 썬 다음 끓는 기름에 튀겨낸다. 튀긴 두부의 배를 갈라서 주머니를 만든다. 그리고 미리 해놓은 찹쌀밥을 튀긴 두부 속에 채우고 양념을 발라서 먹는 게 두부밥이다.

이때 중요한 것은 양념이다. 매우면서도 화끈한 양념장을 아끼지 말고 발라줘야 비로소 두부밥의 진면목이 나타난다. 코가 쑹 뚫리고 열이 위로 화끈하게 솟아올라 감기쯤은 뚝 사라지게 하려면 양념장을 제대로 만들어야 한다.

두부밥의 양념장에는 찧은 마늘과 매운 고춧가루를 많이 쓴다. 그 외 다진 양파와 파도 조금 넣는다. 위의 재료에 팔팔 끓는 기름을 부으면 매운내가 확 난다. 고춧가루 물이 들어 번드레한 양념장에 물과 소금 그리고 설탕을 조금 넣고 한소끔 살짝 끓여준다. 이렇게 만든 기름양념장을 두부밥에 발라 먹으니 아니나 다를까 매운 기운이 훅 올라온다. 정훈 엄마의 말처럼 콧물이 쑹 나오고 머리 위로 열이 후끈하게 올라왔다.

"정훈이 임신했을 때 엄마가 해주던 두부밥이 너무 먹고 싶었어요. 그래서 대신 유부초밥을 사와서 먹었는데, 입맛에 맞지가 않았어요."

몸이 아프거나 힘들 때 엄마를 생각하는 것은 인지상정이다. 입덧으로 고생할 때야 말해 무엇 하겠는가. 얼마나 엄마가 생각나고 엄마가 해주는 밥이 먹고 싶었을까. 정훈 엄마는 아무렇지도 않게 이야기를 했지만 듣는 우리는 마음이 아팠다.

두부밥을 먹노라니 문득 얼마 전에 앞마당으로 옮겨 심은 나무가 생각났다. 집 근처에 아름드리 소나무가 수십 그루 모여 있는 숲이 있다. 낙엽이 쌓여 푹신한 땅에는 이쑤시개 굵기의 어린 소나무들이 수도 없이 많이 자라고 있었다. 그중 몇 개를 캐서 종이컵에 담아와 텃밭 한 쪽에 심었다. 4~5년을 키웠더니 이제는 제법 커서 어른 정강이를 넘을 정도로 키가 자랐다. 식목일 즈음해서 소나무를 옮겨 심었다. 몇 년 사이에 소나무의 뿌리가 제법 깊고 넓게 뻗어 있었다.

나무를 옮겨 심고 지주대를 세워주었다. 바람에 흔들리지 말고 뿌리를 잘 내리라고 세워줬지만, 그래도 원래 자라던 땅만 하겠는가. 하루아침에 뿌리가 뽑힌 채 낯선 곳으로 옮겨 심어진 나무는 몇 해 동안 몸살을 앓는다. 뿌리를 내리기 위해 앓는 몸살이리라. 그래도 대여섯 해가 지나면 어느새 나무는 자리를 잡고 힘차게 자라기 시작한다. 그리고는 옮겨 심어진 그 자리가 원래 제자리인 양 의연한 모습으로 하늘을 향해 당당하게 서 있다.

북한에서 온 새터민 정훈이네도 옮겨 심은 나무와 같지 않을까. 새 터전에서 뿌리를 내리고 잘살 수 있도록 우리 사회가 지주대가 돼줘야 할 것이다. 때맞춰 물도 주고 자주 들여다보며 관심을 기울여주면 나무가 쑥쑥 잘 자라는 것처럼 정훈이네도 낯선 환경에서 잘살 수 있도록 주변의 도움이 필요할 것이다.

북한에서는 누구나 다 두부밥을 해먹느냐고 물으니 정훈 엄마의 대답이 걸작이다.

"장마당에서 최고 인기 음식이지만 만드는 사람이 따로 있고, 먹을 줄만 아는 사람이 또 따로 있어요."

그 말에 모두 와그르르 웃었다. 부엌에 잘 들어오지 않는 남편들을 은근히 꼬집는 말이었다. 사람 사는 세상은 남과 북이라고 다를 게 없나 보다. 우리 역시 그 말에 공감을 하는지라 고개를 끄덕이며 "맞다 맞아, 그건 남북이 다 같네." 하면서 웃었다.

말은 그렇게 했지만 모두 두어 개씩 두부밥을 챙겼다. 남편에게 맛보여주기 위해 챙기는 것이리라. 정훈 엄마에게는 특별히 더 많이 넣어줬다.

낯선 땅에서 처자식을 먹여 살리기 위해 열심히 일하는 정훈 아빠가 고향 음식인 두부밥을 먹고 힘을 내었으면 하는 마음에서 많이 챙겨준 것이었다.

오래 떨어져 살았지만 우리는 하나였다. 조금씩 다른 부분은 있지만 근본을 파고 들어가면 입맛도 생각도 비슷했다. 맛있는 게 있으면 식구들 생각을 먼저 하는 것도 우리는 같았다. 두부밥을 통해서 우리는 하나임을 다시 한 번 느낀 하루였다.

치성과 은덕

새해도 되었으니 신수점이나 한번 보자고 하는 친구를 따라 점집으로 간 것은 지난봄의 일이었다. 친구를 따라오기는 했지만 막상 붉은 기가 나부끼는 그 집을 보자 겁이 났다. 혹시라도 무당이 듣기에 좋지 않은 말이라도 하면 어떻게 하나 걱정이 들었던 것이다.

내 친구는 점집 나들이가 처음이 아닌 듯 예사롭게 문을 밀며 안으로 들어섰다. 그러나 막상 무당을 대면하자 기가 한풀 꺾인 듯 수굿하게 앉았다. 누가 진짜 손님일지 속으로 가늠을 하며 우리 둘을 훑어보던 무당은 펜과 종이를 건네주며 사주부터 적으라고 했다. 미심쩍어 하는 나와 달리 내 친구는 거리낌 없이 식구들의 생년월일을 적어나갔다. 그리고는 다소곳이 앉아 무당의 처분을 기다렸다. 이런 낌새를 금방 파악한 무당은 나는 안중에도 없고 내 친구에게만 관심을 기울였다.

대주大主의 운세가 좋지 않다는 말을 듣고 친구의 얼굴이 어두워졌다. 장거리 운전을 할 일이 있을 때 특히 운전조심을 해야 한다는 말에 아예 내놓고 걱정을 하기 시작했다. 마침 며칠 뒤에 남편이 대전에 갈 일이 있는데 어떻게 해야 하느냐며 친구는 걱정하기 시작했다. 그것 보라는 식으로 무당은 이제 대놓고 반말로 말을 했다.

봄이라 집 단장을 새로 하고 싶은 마음이 있던 나는 우물을 없애도 괜찮을지를 물어보았다. 예전에 두레박을 내려 물을 길어먹었을 이 우물은 마을에 상수도가 들어오면서 사용하지 않고 오래 방치되어 있었다. 자꾸 퍼내야 물이 샘솟는데 사용하지 않으니 물길마저 막혀버렸는지 장마철에나 제법 물이 고일까 보통 때는 바닥에나 물기가 비칠 정도였다. 우물로서는 존재 가치가 없는 셈이었다. 허리 높이까지 우물 담이 둘러쳐져 있지만 혹시라도 사람이 빠지기라도 하면 그것 또한 큰일이었다. 그래서 어떻게 해야 하나 생각을 했던 적이 있어 물어봤던 것이다.

우물과 변소는 함부로 손을 대면 안 된다는 말이 민간에서는 전해 내려온다. 처방 없이 메우거나 없애면 반드시 동티가 난다고 했다. 두 곳 모두 인간 생존과 밀접한 연관이 있는 것이라서 그런 말이 생겼을 것이다. 사실 먹고 싸는 것만큼 중요한 게 또 있을까. 더구나 우물은 퍼내고 또 퍼내어도 샘솟아 오르는 생명력으로 해서 더 신비하게 다가왔을 것이다. 그래서 옛 사람들은 우물을 신성하게 여겼고, 새벽에 일어나 두레박을 내려 물을 길어 올릴 때면 기도하는 마음이었을 것이다.

내 말을 들은 무당은 우물을 메우면 동티가 나서 집안에 우환이 생길 수도 있으니 꼭 치성을 드려야 한다고 했다. 그 말을 듣던 내 친구의 얼굴이 어두워졌다. 우물을 메울 것인지 말 것인지를 물은 사람은 난데 정작 마음에 짐을 얹은 사람은 내 친구였다. 그 기색을 놓치지 않고 무당이 묻는다.

"혹시 집안에 있던 큰 물건을 없앤 적이 있능가?"

무당의 물음에 화들짝 놀라며 우물을 메웠다고 친구가 대답을 했다.

도시에서 살다 시골집을 사서 이사를 온 친구네는 원래 있던 헌 집을 헐고 새로 집을 지었다. 그런데 마당에 있던 우물이 별 소용에 닿을 것 같지도 않고 눈에 거슬려 메워버렸다고 했다. 그 말을 들은 무당은 '그것 봐라'는 식으로 본격적인 장광설을 풀어놓기 시작했다. 함부로 우물을 메웠으니 일이 꼬일 수밖에 더 있겠느냐면서 그것을 풀려면 정성을 들여야 된다고 재삼재사 강조했다. "치성을 드려야 해, 그렇지 않으면 배고픈 조상이 해코지를 해." 하며 조상에게 치성을 드려야 대주의 일이 잘 풀릴 거라고 연신 강조했다. 무당의 입을 바라보며 연신 머리를 주억거리던 내 친구는 수심에 잠겼다. 정초에 신수점이나 한번 볼까 하고 점집을 찾았다가 걱정만 한 보따리 안고 친구는 집으로 돌아왔다.

무릇 조상이라면 후손이 잘되기를 바랄 텐데, 어떻게 해코지를 한단 말인가. 무당의 계산속에 놀아난 게 틀림없다. 조상을 섬기지 않으면 배가 고픈 조상이 후손을 쑤신다면서 치성을 드려야 앞으로 다가올 횡액을 막을 수 있다고 했지만 그것은 한바탕 푸닥거리를 하도록 해서 돈을 챙기려는 무당의 속셈이 분명하다. 그래도 내 친구는 걱정이 되는지 집으로 돌아오는 차 안에서도 내내 굿을 해서 액을 풀어버려야겠다고 말했다.

돈을 들여 굿을 하거나 치성을 올리는 것만이 조상을 위하는 것일까. 늘 고마워하며 사는 것도 조상을 섬기는 것이 아닐까. 지극한 마음이면 하늘도 감동한다는데, 그깟 물질이 대수일까 하는 생각이 들었다. 그런 생각을 하다가 보니 예전에 우리가 올렸던 정성이 생각났다.

십여 년 전에 강화도로 이사를 한 우리는 아름드리 참나무들이 둘러싸고 있는 산 밑에 터를 잡았다. 집을 둘러싸고 있는 큰 나무들이 좋아서 선택한 집이었지만 막상 이사를 하려고 보니 그 나무들이 내뿜는 기운에 압도되었다. 원래 있던 헌 집을 수리하느라 해가 지고 깜깜할 때까지 있었던 어느 날이었다. 낮에는 아무렇지도 않던 집이 밤이 되자 갑자기 괴기스럽게 느껴졌다. 온 사방에서 나를 주시하는 것 같았다. 큰일이었다. 앞으로 정을 붙이고 살아야 할 집인데 이렇게 무섭게 느껴지다니, 정말 큰일이었다.

이삿짐을 들이는 날 속으로 간절하게 기도를 하였다. 우리에게 집을 팔고 아들네로 거처를 옮기신 할머니께 빌었다. 반들반들 윤이 나도록 살림을 잘 살았다는 할머니였으니 얼마나 이 집에 애착이 많으셨을까. 영감님을 먼저 저 세상으로 보내고 혼자 지내시다 늙고 병이 들자 도시 사는 아들네로 의탁하러 가셨다고 했다. 이 집에는 그 할머니의 숨결이 곳곳에 스며 있을 것이다. 그래서 얼굴도 모르는 그 할머니에게 간절하게 빌었다. "할머니와 할아버지께서 정성 들여 가꾸고 사시던 집에 저희가 이사를 왔습니다. 우리도 두 분처럼 자식 키우며 잘 살겠습니다. 모쪼록 예쁘게 살펴봐 주십시오." 그렇게 간절하게 인사를 했다. 그랬더니 밤이 되어도 무섭지 않았다. 나를 주시하는 것 같았던 큰 나무들도 이제는 더 이상 무섭지가 않았다. 오히려 나무들이 우리를 지켜줄 것 같았고 먼저 살았던 두 분 어르신도 우리를 살펴줄 것이라는 믿음도 들었다.

집 주변을 둘러싸고 있는 큰 나무들에게도 정성을 들였다. 막걸리를 밑둥치에 뿌려주고 나무를 꼭 끌어안았다. 그리고 마음으로 말을 했다. 나무에도 혼이 있다면 분명 우리를 좋게 봐줄 거란 믿음으로 그렇게 정성을 올렸다. 그 이후로 천둥이 치고 비바람이 몰아쳐도 무섭지가 않았다. 나무가 우리를 지켜줄 것이란 믿음이 있었던 것이다.

조상을 잘 모셔야 후손이 덕을 본다는 말은 경거망동하기 쉬운 우리들에게 주는 옛 어른들의 가르침일 것이다. 조상을 섬기듯이 세상 모든 것을 공경하고 조심하는 마음으로 산다면 하늘이 어찌 복을 주지 않겠는가.

친구와 함께 점집을 찾았던 그날처럼 오늘 아침에도 들판에는 온통 뿌옇게 안개가 끼어 있다. 안개는 익숙한 사물과 풍경까지도 생경하게 보이도록 한다. 우리 앞에 다가올 미래도 안개가 잔뜩 낀 들판처럼 뿌옇기만 하다. 익숙하지 않은 것은 사람을 움츠러들게 하고 심지어는 두렵기까지 하다. 하지만 해가 뜨면 안개는 사라지고 낯설게 보이던 것들도 원래대로 돌아온다. 우리의 미래 역시 그러할 것이다.

내 앞에 어떤 미래가 예비 되어 있을지 설레기도 하고 또 한편으로는 두렵기도 하다. 하지만 기대에 찬 마음으로 살다 보면 미래 역시 살아온 나날들과 별반 다르지 않을 것이다. 그런 생각을 하며 들판을 보니 어느새 안개가 물러나 있었다.

울타리 안의 내 것

가을 한낮의 햇살은 따가웠다. 들 한가운데로 난 길에는 햇빛을 피할 마땅한 곳도 하나 없다. 아무리 길이 좋아 나선 걸음이지만 이 햇살만큼은 사양하고 싶다. 그래서 양산을 펴서 들고 걷는 이가 있는가 하면 스카프로 얼굴을 가리고 걷는 이도 있다. 챙이 넓은 큼직한 모자를 눌러쓴 이는 그것으로도 모자랐는지 마스크까지 하고 있다. '강화나들길'을 걷고 있는 이들의 모습이다.

열 명 남짓이 길을 걷는데도 서너 무리로 나누어져 걷는다. 제 혼자 앞서 가는 이가 있는가 하면 두 사람이 나란히 서서 정담을 나누며 걷는 이도 있다. 또 앞서거니 뒤서거니 하며 셋이 걷는 이들은 무슨 재미있는 이야기를 하는지 웃음소리가 그치질 않는다. 걷는 속도가 달라서 이처럼 홀로 또는 무리를 지어 걷는 것이다.

앞서 걸어가던 이가 작은 비명을 질렀다. 그이의 눈길이 가 있는 곳을 따라가 보니 길바닥에 뱀이 한 마리 죽어 있었다. 엄지손가락 정도 굵기밖에 되지 않아 보이는 어린 뱀이었다. 들판 속에 난 농로라서 차가 잘 다니지도 않는데, 어떡하다 횡액을 당했을까.

그냥 놔두면 지나가는 차바퀴에 계속 깔릴 것이다. 그렇다고 길 밖으로 옮겨주자니 마땅히 뱀을 집어서 올릴 도구도 없다. 근처를 살피던 일행 중 한 명이 나뭇잎을 몇 장 따서 뱀을 감싸 들어올린다. 그런데 뱀 비늘이 미끄러워서 그런지 그만 뱀이 미끄러져 내렸다. 죽은 뱀인데도 섬뜩했다. 뱀을 옮겨주려고 했던 그 사람 역시 마찬가지였을 것이다. 그래도 그이는 그런 내색을 보이지 않고 살며시 뱀을 잡아 올려서 길가 한쪽으로 옮겨주었다.

가을이 되면 잘 보이지 않던 뱀들이 더러 눈에 뜨인다. 짧아져만 가는 가을 해가 뱀을 그렇게 조심성이 없도록 만든 것일까. 서로 사는 영역이 달라 부딪힐 일이 별로 없는데도 가을이 되면 시골에서는 뱀과 마주칠 때가 더러 있다. 다가올 겨울을 준비하느라 동분서주하다 보니 뱀은 사람의 눈에 띄는 것이다.

가을이면 우리 집 잔디 마당에도 더러 뱀이 나타났다. 마당 한쪽 끝에 있는 연못의 개구리들을 찾아서 뱀이 온 것일 게다. 뱀이 보이면 내쫓기 바빴다. 긴 막대기로 뱀을 들어 올려서 다른 곳으로 옮기기도 하고 또 막대기로 땅을 탕탕 치면서 빨리 네가 사는 곳으로 가라고 엄포를 놓기도 했다. 그러면 뱀은 슬며시 풀 속으로 사라져 갔다.

연못에 사는 개구리들은 보기 좋은 그림의 일부라 생각하며 마음에 담으면서 왜 뱀은 그렇게 야멸차게 내쫓은 걸까. 내 집 울타리 안에 있는 것은 다 나와 상관이 있는 것인데 이처럼 좋고 나쁘고 패를 갈랐다. 연못이 내 것이라면 그곳에 깃들어 사는 개구리도 나에게 속한 것일 테고 그렇게 생각하면 뱀 또한 나와 상관이 없다고 어찌 말할 수 있겠는가. 그러나 뱀은 얼씬도 못하게 겁을 주면서 개구리는 그냥 두었다. 뱀이 나와 상관이 없는 것이라면 개구리 역시 마찬가지일 텐데 말이다.

잔디 마당도 연못도 내 집 울타리 안에 있으니 내 것이라 생각했다. 그러면 그곳에 깃들어 사는 생물들도 다 내 것일 게다. 새끼 때부터 키웠던 삽살개도 내 것이고 작년 봄에 부화를 한 토종닭들도 다 내 것일 터이다. 그러면 개구리며 거미 그리고 땅속에 사는 지렁이도 내 것일까. 청하지 않았는데도 가을이면 찾아오는 뱀은 또 어떠할까. 모기며 파리는 또 어떠하며 눈에 보이지 않는 수많은 미생물들까지 과연 다 내 것이라고 할 수 있을까.

사람들은 울타리 안은 다 내 것이라고 여기며 산다. 그래서 담장을 쌓고 울타리를 친다. 그것도 모자라 문을 해달고 자물쇠까지 채우기도 한다. 울타리 안은 다 내 것이라고 생각을 한다면 그곳을 지나가는 바람도 내 것일 터이고 햇빛이며 비, 또 이슬과 냄새까지도 다 내 것일 게다. 그리고 그곳에 깃들어 사는 모든 생명체들 역시 내 것이라고 생각해야 할 것이다.

하지만 자연물들을 그리 말할 수는 없다. 생물과 무생물 역시 그렇게 묶을 수는 없다. 그 어느 것 하나도 내 것이라고 할 것은 없다. 그저 잠시 소용이 닿아서 내가 이용하고 있을 뿐 원래 내 것은 없다.

잔디 마당도 연못도 내 것이 아니다. 그것은 개구리의 것이기도 하고 또 뱀의 것이기도 하다. 그리고 바람이며 햇빛이며 구름이 놀다 갈 수도 있는 것이다. 그러니 마당에서 또 뱀을 만나게 되면 이렇게 말해줘야겠다. '여기는 내가 사는 곳이지만 놀러 와도 괜찮아. 그렇지만 네가 사는 곳으로 가줬으면 좋겠다.'라고 말이다.

쥐 대신 고양이

"빠각, 빠각."

아까부터 무슨 소리가 들린다. 이게 무슨 소리일까? 하던 일을 멈추고 가만히 귀를 기울였다. 그러나 아무 소리도 들리지 않는다. 다시 일을 하자 아까 그 소리가 또 들린다. 조심스럽게 뭔가를 갉고 있는 듯한 소리가 신경을 거스른다. 그래서 또 귀를 기울여봤지만 역시 아무 소리도 들리지 않는다. 잊어버리고 있으면 들리다가 집중을 하면 들리지 않으니, 도대체 뭘까. 대체 소리가 들리긴 들린 걸까?

온 신경을 귀에 모았다. 숨소리조차 죽인 채 소리를 찾는다. 한참이 지나자 아까의 소리가 또 들린다. "빠각빠각, 빠각." 냉장고 근처에서 소리가 난다. 숨을 죽인 채 발뒤꿈치를 들고 한 발 한 발 조심스레 다가가서 가만히 내려다봤더니 아이쿠, 이게 뭐야? 새까만 구슬 하나가 빤히 나를 쳐다보다가 눈이 마주치자 후다닥 튀어 달아난다.

조막만 한 쥐가 쌩 하니 냉장고 밑으로 숨어버린다. 빗자루로 내려칠 사이도 없이 쥐는 도망가 버렸다. 소리의 정체는 알았는데 모르느니만 못하게 생겼다. 무슨 수로 쥐를 잡을 것인가. 한 줌 어치도 안 될 것 같은 생쥐 한 마리 때문에 온 집안을 쑤시고 뒤지며 다녀야 할 판이다.

냉장고 옆에 쌓아놓은 고구마 상자 안에는 잘게 갉은 종이 부스러기가 수북이 쌓여 있었고 자잘한 쥐똥들도 여기저기 떨어져 있었다. 갉아 먹다가 남긴 고구마들도 대여섯 개나 되었다. 속노란 강화 고구마의 노란 속살에 오목오목 갉아 먹은 이빨 자국이 선명하였다. 안 봤으면 모를까 알고는 그냥 지나칠 수가 없게 생겼다. 쥐가 어떤 동물인가. 소리 없이 드나들며 곡식을 축낼 뿐만 아니라 더러운 병균까지 옮긴다고 하지 않는가. 그러니 반드시 없애야만 한다. 그날부터 우리 집에서는 쥐를 잡기 위한 온갖 방법들이 다 동원되었다.

처음 시도한 건 쥐 끈끈이였다. 쥐 끈끈이는 말하자면 쥐 감옥이다. 한번 끈끈이에 발을 딛게 되면 도저히 빠져나갈 방법이 없기 때문이다. 종이 가운데 넓적하게 강력 본드가 칠해져 있고 그 한가운데 쥐가 좋아할 먹이가 하나 얹혀 있다. 쥐는 먹이를 보고 조심스레 접근하다가 그만 쥐 끈끈이에 붙어서 옴짝달싹 할 수 없게 된다. 움직이면 움직일수록 몸은 더 끈끈이에 달라붙게 되고 빠져나가려고 용을 쓰다 보면 점점 더 헤어날 수 없게 된다. 한번 끈끈이에 몸이 닿으면 절대 그곳을 빠져나갈 수가 없다.

쥐 끈끈이를 쥐가 다닐 만한 길목에 놓아두고 날이 샐 때까지 기다렸다. 아니나 다를까 다음날 아침에 주방에 가자 찍찍 하는 쥐의 비명 소리가 들려왔다. 작은 생쥐 한 마리가 끈끈이에 붙어서 꼼짝을 못하고 있다. 좀 안 된 마음도 들었지만 그것보다는 없애야 한다는 생각이 더 컸다. 그 후로도 두어 마리 더 잡았지만 그리고 나서는 더 이상 걸려들지 않았다. 아마 쥐들도 꾀가 있어서 알아챈 모양이었다.

고구마 박스 주변에는 쥐가 다닌 흔적이 여전히 있었다. 아직도 소탕해야 할 쥐가 더 있다는 소리다. 주방 어딘가에 쥐가 드나드는 구멍이 있는 모양인데 우선 그것부터 막는 게 더 급선무다. 그래서 또 사방을 뒤집어 보니 냉장고 뒤 벽에 자그마한 구멍이 하나 있다. 저 구멍으로 쥐가 무시로 드나들었나 보다.

밤송이를 하나 끼워뒀지만 소용이 없었다. 돌로 막아도 별무 소용이었고 나무판자를 끼워둬도 마찬가지였다. 주변에서 구할 수 있는 것들로 구멍을 막아봤지만 그때마다 쥐는 요령 있게 또 길을 내고 들어왔다. 하기야 주방 안에 쥐들이 먹을 게 지천인데 무슨 짓을 못하겠는가. 고구마를 다른 곳으로 치우면 쥐가 집 안으로 들어오지 않을 텐데, 나는 그렇게 하지는 않고 겨울 내내 쥐와 숨바꼭질을 했다.

쥐는 겨울철이 되면 사람이 사는 집 근처로 와서 먹이를 구한다. 추수를 한 벼를 비롯해서 콩이나 팥과 같은 잡곡들과 고구마 등을 거둬 갈무리해두니 쥐로 봐서는 인가人家 근처에서 먹이를 구하는 게 여러모로 편리할 것이다. 더구나 우리 집은 쥐가 드나들기 좋은 옛날 시골집이니 겨울 동안은 쥐와 동거를 하는 셈이다.

작년 겨울에 고구마를 두고 쥐와 내내 싸움을 했다. 그까짓 것 쥐가 먹어봤자 얼마나 먹는다고 끈끈이에 쥐약에 온갖 수선을 다 피웠을까. 하지만 양보할 수 없는 싸움이었다. 집 안에까지 쳐들어온 쥐를 어찌 그냥 내버려둘 수 있단 말인가. 먹잇감을 치우면 될 일인데 나는 그것은 손 안 대고 애꿎은 쥐만 탓하며 겨울을 보내고 봄을 맞이했다.

다시 가을이 오고, 고구마를 캐자 보관이 문제로 떠올랐다. 고구마는 추운 곳에 두면 잘 얼기 때문에 실온에서 보관을 해야 오래 두고 먹을 수 있다. 올해는 고구마를 많이 심어 친지들에게 나누어주고도 제법 여러 자루가 우리 몫으로 남았다.

고구마 박스를 어디다 둬야 하나. 방 한 귀퉁이에 둘까 아니면 작년처럼 또 주방에 둘까. 추운 데 두면 얼어버리니 실내에 둘 수밖에 없는데, 그러면 또 지난겨울처럼 쥐들과 동거를 하는 것은 아닐까. 이리저리 궁리하다가 고양이를 키우기로 했다. 고양이 울음소리만 들려도 쥐들이 꼼짝 못한다고 하는데, 그것보다 더 좋은 방법은 없을 듯싶었다. 때마침 이웃집에서 새끼 고양이를 분양한다고 해서 한 마리 얻어 왔다.

이제 막 어미젖을 뗀 쥐방울만 한 고양이였지만 제법 밥값을 한다. "야옹, 야옹" 하고 우는 소리도 제법 야무지다. 고양이가 들어온 이후로 쥐가 얼씬도 하지 않는다. 제 집인 양 우리 주방 안을 들락거리며 고구마를 갉아 먹던 쥐들이 흔적도 없이 사라졌다.

하지만 세상에 공짜가 어디 있던가. 이제 나는 고양이 시중을 들어주는 신세가 되었다. 비린내가 나야 입을 대는 고양이를 위해 장날이면 생선가게를 기웃대며 고등어 한 손이라도 사오게 되고 사람 밥상에는 푸성귀만 올려도 고양이 밥그릇에는 멸치 꽁다리라도 하나 얹어줘야 한다. 고구마는 지켰지만 대신 조막만 한 고양이를 봉양하게 생겼다.

바다로 간 엄마

미닫이문을 열며 누가 들어선다. 기영이 엄마다. "아이들 데리러 왔어요. 애들에게 맛있는 것 사주려고요"라고 말하며 기영이 엄마는 학원 안을 들여다봤다. 엄마 목소리를 들은 기영이와 동생들이 한달음에 달려 나와 엄마에게 안겼다. 엄마도 두 손을 앞으로 뻗으며 아이들을 마주 안았다. 모자간의 상봉이 참으로 뜨거웠다.

참 별일이다. 아침에 헤어진 엄마인데 그 사이에 뭐가 그리 보고 싶다고 애들은 저리 야단일까. 그리고 학원 공부가 끝나면 집으로 돌아갈 애들인데 데리러 온 엄마는 또 뭐란 말인가. 그러나 그게 아니었다. 기영이 엄마가 해주는 이야기를 듣노라니 가슴이 짠했다.

내가 운영하는 방과 후 교실에는 맞벌이 가정의 아이들이 많다. 직장에

다니거나 장사를 하는 엄마들은 행여 아이가 학교 공부를 잘 따라가지 못하면 "제가 바빠서 애들 공부를 봐줄 틈이 없어요. 그래서 아이에게 늘 미안해요"라고 말하며 자신을 탓한다. 슈퍼우먼으로 열심히 사는 그녀들도 자식 일 앞에서는 작아지는 듯했다. 기영이 엄마도 그랬다. 작년 여름에 애들 손을 이끌고 나를 찾아온 기영이 엄마는 도저히 더 이상은 안 될 것 같아서 왔다면서 애들을 부탁한다고 했다.

초등학교 6학년인 기영이 밑으로 두 명의 아들을 더 둔 기영이네는 횟집을 한다. 주중에는 저녁 예닐곱 시면 집으로 돌아오지만 봄 가을 같은 행락철이나 주말이면 밤늦게까지 가게 운영을 해야 하니 애들만 집에 있을 때가 많다 했다. 그러니 언제 애들 공부를 돌봐줄 틈이 있겠는가. 그래서 그런지 아이들은 기초 학습이 잘 되어 있지 않았고 특히 초등학교 2학년인 셋째는 한글도 제대로 읽지 못하는 형편이었다. 더구나 가을철이면 며칠씩 집을 비울 때도 있다. 김장용 새우와 꽃게를 잡는 가을이 되면 고기를 잡는 아빠를 따라 엄마도 바다에 나가야 한다. 아빠 혼자서는 일을 할 수 없으니 기영이 엄마가 따라가서 일손을 도와야 하기 때문이었다.

한번 나가면 사나흘씩 바다에 있다가 오는데 그때마다 애들만 집에 있게 된다. 새벽에 잠깐 들어와서 애들이 학교 가는 것을 도와준다고 하지만 그래도 잠은 애들끼리만 자야 하니 기영이 엄마는 그게 늘 안타깝고 마음이 쓰이는 듯했다.

"월요일에 나갔다가 오늘 들어온 거예요. 나흘씩이나 집을 비웠으니 애들에게 미안해서 맛있는 것 사주려고요." 하는 그녀를 보니 속으로 부끄러웠다. 명색이 그 아이들을 가르치는 선생인데 그런 사정도 모르고 있었으니 부끄럽지 않을 수 없었다.

학교 공부는 잘 따라가지 못하지만 그래도 애들은 밝았다. “우리 아빠는 어부예요. 큰 배도 있고 땅도 많아서 부자예요.”라고 하면서 엄마 아빠 자랑을 했다. 아빠가 새우를 잡아서 돈도 많이 번다면서 선생님도 회가 드시고 싶으면 자기 집으로 오시라고 한목소리로 외쳤다. 부모님을 자랑스럽게 생각하는 아이들이 예쁘게 보였다.

기영이네의 형편을 알고 있는 사람들은 아이들만 두고 바다에 나가는 그 집을 이해하지 못하겠다고 말을 하는 사람도 있었다. 아무리 생업이 중하고 일이 바쁘다지만 어떻게 어린 애들을 두고 며칠씩 집을 비울 수 있느냐면서 그이는 고개를 내저었다. 하지만 기영이네 입장이 되어보지 않고는 비난할 수 없는 일일 터였다. 오죽하면 그렇게 하겠느냐고 동정론을 펴는 사람도 있었다.

애들을 봐줄 사람이 있으면 그리 하겠는가. 더구나 밤에는 바다에서 남편을 돕고 새벽에 집에 와서 애들을 학교 보내고 또 낮에는 횟집까지 하는 기영이 엄마는 몸이 몇 개라도 부족할 판이다. 그렇게 몇 사람 몫의 일을 하면서도 힘든 내색도 하지 않는 기영이 엄마는 오히려 상을 받았으면 받았지 비난을 받을 사람은 아니다.

그래도 1년 내내 그렇게 사는 건 아니고 새우를 잡는 가을 한철만 그리 한다고 했다. 아침 한 끼만 집에서 챙겨먹으면 점심은 학교 급식으로 해결하고 또 저녁은 지역아동센터에서 챙겨준다고 하니, 학교와 지역이 작게나마 아이들을 거둬주는 역할을 하고 있었다.

그러고 나서 며칠 뒤였다. 그날은 강화나들길을 걸은 날이었다. 마니산 아래 화도터미널에서 출발해서 동막해수욕장까지 가는 '동막해변 가는 길'은 나들길 중에서 가장 긴 코스이다. 대여섯 시간 가까이 걸어야 하는 길이라서 힘들지만 마니산 자락을 넘어서면 드넓은 바다가 보여서 가슴이 뻥 뚫리는 듯하다. 그 맛에 힘들어도 길을 걷는다.

해가 뉘엿뉘엿 질 무렵에 종착점인 동막해수욕장에 도착했다. 한 시간에 한 대 꼴로 있는 버스가 오기를 기다리며 정류장에 서 있는데 저쪽에서 누가 종종거리며 이쪽으로 오고 있었다. 기영이 엄마였다. 급히 살 게 있어서 가게에 오는 길이었나 보았다.

주말이라 횟집을 찾은 사람들이 많았을 것이다. 그러니 가게가 바빴을 테고, 애들은 자기들끼리 집에 있었을 것이다. 애들 안부를 물어보니 아닌 게 아니라 종일 집에서 놀고 있다고 한다. 텔레비전을 보고 컴퓨터만 하느라 글 한 자 읽지 않는다면서 기영이 엄마는 한숨을 내쉬었다.

바다에 나가지 않아도 엄마는 애들과 함께 있지 못한다. 컴퓨터와 텔레비전이 바쁜 엄마를 대신해서 애들의 눈과 귀를 사로잡았다. 그 사이를 비집고 들어서기에는 책이 가진 매력은 너무나 작고 보잘것없어 보인다. 기영이와 동생들도 책하고는 담을 쌓은 지 오래였다. 그래서 그 또래 아이들이 알 만한 기본 상식마저 잘 모르는 게 많았고 학교 공부도 잘 따라가지 못했다. 그나마 다행인 건 형제가 셋이라서 자기들끼리 친구가 되어 지낼 수 있다는 것이었다. 혼자 지내야 하는 외둥이들보다는 그래도 형제가 많으니 심심하거나 외롭지는 않을 것이다.

밤에는 애들끼리만 며칠씩 지낸다는 걸 알면서도 나는 달리 나서지 않았다. 내가 한 일이라곤 학원에 온 아이들에게 밥은 먹었는지 물어보는 게 다였다. 무슨 일이 있으면 선생님에게 연락하라는 말을 애들에게 한 걸로 스스로 면피를 하며 부끄러운 마음을 숨겼다.

기영이네의 처지를 들은 한 사람이 애들을 돌봐주겠다고 나섰다. 기영이 엄마가 바다에 나갈 때마다 자기 집에서 애들을 데리고 있겠다고 했다. 마침 그 집 아이가 기영이와 한 반 친구이니 애들끼리는 잘 지낼 터였다. 하지만 그게 어디 보통 일인가. 내 애 챙기기도 바쁠 텐데 남의 애를 셋씩이나 챙겨준다니, 말이 쉽지 보통 사람은 할 수 없는 일이다.

남의 아이가 잘되는 게 곧 내 아이가 잘되는 길이라며 승민이 엄마는 기영이 형제를 거두어주었다. 내 아이만 챙기는 게 세상의 인심인데 어디에서 그런 힘이 나온 것일까. 나는 내 발 밑만 바라보며 길을 걸었는데 승민이 엄마는 주변까지 살피며 길을 걷는 사람이었다. 나보다 나이는 어리지만 속은 더 깊은 그녀의 인생길 발걸음에 경의를 보냈던 지난 가을이었다.

초록 손을 가진 여인

방학 중이라 학교는 고요하다. 사람의 발길이 닿지 않은 운동장 가장자리에는 풀들이 제법 보이고 운동장에는 햇볕이 온통 자글댄다. 팔월도 초순의 어느 한낮, 살아서 움직이는 것은 아무것도 없는 듯 사방이 고요하다.

본관 건물을 에둘러서 뒤쪽으로 갔다. 소나무 동산 옆에 작은 집이 하나 있다. 교장 선생님과 사모님이 생활하시는 학교 관사다. 사모님은 늘 밭에서 사는 분이신데, 설마 이 무더위에도 밭에 계실까. 관사 옆 텃밭 쪽으로 눈길을 주니 아무도 없다. 그럼 그렇지, 이 더위에 밭에 있다면 그건 사람이 아니다. 나는 기척을 내면서 관사 문을 두드렸다.

“들어와요, 마침 쉬고 있었는데, 차 한 잔 들어요.”

사모님이 내 손을 잡아끌며 안으로 이끈다.

그이는 초록 손을 가졌다. 그녀의 손이 가면 죽어가던 것들도 다 살아난다. 텃밭의 농작물들이 그랬고 화분의 꽃들도 그랬다. 심지어 고양이며 강아지까지도 그이의 손만 가면 반드르르 윤기가 흘렀다.

그이는 늘 밭에서 산다. 손에는 호미가 들려 있다.

“가만 보면 늘 밭에서 살던데, 농사짓는 게 재미있어요?” 하는 내 물음에 “그럼, 재미있지. 어제 다르고 오늘이 달라. 맨날 봐도 볼 때마다 기분이 좋아.” 하며 환하게 웃는다. “토마토 달린 것 좀 볼래요? 얼마나 예쁘게 달렸는지 몰라.” 하며 나를 이끄는 그녀를 따라 텃밭으로 갔더니 아닌 게 아니라 토마토가 참 예쁘게 달려 있다. 자랑할 만도 했다.

그이는 제법 농사를 짓는다. 관사 옆의 작은 텃밭뿐만 아니라 이웃의 노는 땅도 얻어서 고추며 콩 같은 작물들을 키운다. 흉내만 내는 농사가 아니라 진짜 농사를 짓는다. 근 이백 평은 될 것 같은 밭을 여축 없이 가꾸고 다듬어 나간다. 농기구라고 해봐야 호미 한 자루밖에 없을 텐데도 반듯하고 깔끔하기가 빈틈이 없다.

관사 옆 텃밭 한쪽에 도라지며 더덕 씨도 뿌렸다. 가꿔서 입에 들어오기까지 여러 해가 걸리는 작물들이다. 내후년이면 다른 학교로 전근을 갈 텐데, 일껏 가꿔봐야 남 좋은 일만 하는 건데도 그런 계산은 애초부터 하지 않는다. 작물들이 싹이 트고 또 자라는 모습을 보는 것만으로도 흡족한 모양이다. 임기가 끝나 떠나더라도 후임자가 와서 거둬 먹을 수 있으면 좋은 게 아니겠냐며 곱게 웃는다.

그녀를 보면 초록색 엄지손가락을 가진 '티쭈'가 생각난다. 모리스 드뤼옹이 쓴 『초록색 엄지 소년 티쭈』라는 소설의 주인공 소년에게는 숨겨져 있는 재능이 있었다. 그 아이의 손이 닿기만 하면 그 어디고 간에 꽃이 활짝 피어났다. 감옥이나 빈민가 같은 절망적인 곳에도 티쭈는 희망의 꽃을 피웠고 전쟁터에서도 싸움 대신 평화의 꽃이 피었다. 티쭈가 쏘아 올린 대포의 포탄은 오색의 꽃비가 되어 떨어졌다. 전쟁 대신 평화가 찾아왔다.

티쭈가 희망과 평화의 꽃을 피웠다면 그녀는 생명의 꽃을 피운다. 그이의 손길이 가기만 하면 죽어 가던 화초들도 생생하게 살아났고 또 싹을 틔우고 뿌리를 내렸다. 그이가 가꾸는 밭에는 잡초 하나 나 있는 법이 없었고, 북을 주고 웃자란 순을 따주어서 그런지 고추도 토마토도 실하게 열매를 달았다. 그이의 손은 생명의 기운을 불어넣어 주는 초록손이었다.

마치 물 한 방울 묻히지 않고 사는 것처럼 고운 손을 자랑하는 여인들도 있다. 그런 손은 생명을 길러내고 살리는 손이라기보다는 그저 보기에 좋은 손일뿐이다. 그러나 손톱이 닳도록 일을 해서 마디가 굵고 투박해 보이는 손은 보기에는 아름답지 않지만 그 손은 생명을 기르고 북돋우는 '살림[活]'의 손이다. 끊임없이 일을 한 손이고 또 거두고 챙기는 나눔의 손이다.

그녀가 가꾼 밭을 보고 사람들은 놀라서 벌어진 입을 다물지 못한다. 오직 호미 하나로 그 큰 밭을 다 일구고 가꿨다니 놀라울 따름이다. "아니, 어떻게 저렇게 밭을 다 일궜어요? 누가 기계로 고랑을 만들어주었나

요?"라는 이웃 사람의 물음에 그이는 수줍은 듯 살짝 미소를 지으면서 "그냥 조금씩 했어요. 호미로 흙을 긁어서 두둑을 만들고 고구마 심고 고추 심고 다 했어요. 천천히 하면 돼요."라고 말하곤 했다.

그녀는 도시에서 나고 자란 사람이다. 시골로 이사 온 지는 몇 년 안 됐는데, 그런데 농사에는 박사다. 그이의 농사 스승은 이웃 할머니들이었다. 혼자 사는 할머니들이 밭에서 일하는 게 보이면 시원한 음료수도 갖다 드리고 일도 거들어 드리면서 하나하나 농사일을 배웠다. 말동무가 그리웠던 할머니들은 곰살궂게 구는 그이가 마치 친정집 조카딸인 양 반가웠을 것이다.

편히 살아도 될 터인데도 그녀는 손을 놀리는 법이 없다. 만지고 다듬고 쓰다듬어주면서 땅의 힘을 돋운다. 그래서 그 집 밭의 작물들은 꼿꼿하고 또 때깔도 좋다.

쉬지 않고 일을 해서 손이 커진 걸까. 아니면 손이 커서 일을 잘하는 걸까. 몸집도 자그마하고 목소리도 나직한 사람인데 그이의 손은 두툼하고 실해 보인다. 그 손은 영락없는 농군의 손이다.

그녀의 손을 맞잡고 내 두 손으로 감싸 보았다. 따뜻한 기운이 내게로 전해져 왔다. 내 속에 초록의 기운이 돋아나는 것 같았다.

생선장수 아줌마

"있수? 아무도 없수?"

음력설을 며칠 앞둔 어느 날이었다. 마당에서 누가 부르는 소리가 들려 내다보니 머리에 함지를 인 생선장수 아줌마가 서 있었다. 이 추운 날에도 장사하러 나오다니, 나는 얼른 문을 열며 안마당으로 들어오시게 했다. 설 대목이라 부지런히 다닌다며 떨이로 다 줄 테니 동태를 사라고 권한다. 설에 쓸 동태포를 떠주려나 보았다.

아줌마가 이고 온 함지에는 동태 몇 마리가 누런 종이에 둘둘 말린 채 담겨 있었다. 아줌마는 내 대답도 듣지 않고 물건을 풀기 시작했다.

"이거 개 끓여줘요. 이 집 줄려고 이거 모아왔지."

생선 대가리랑 꽁지 같은 생선 부스러기들을 개밥 줄 때 끓여주라고 하며 밀어준다. 우리는 설을 쇠러 고향으로 가는지라 제수용 동태포를 뜰 일은 없다. 그래도 이 추운 날에 찾아온 생선 아줌마가 안 돼 보여서 선선히 떨이용 동태들을 다 사주었다.

아줌마는 익숙한 솜씨로 동태포를 뜨기 시작한다. 춥다고 안으로 들어오시라고 해도 그러면 집 안에 생선 냄새가 난다면서 한사코 밖에서 일을 한다. 아줌마의 손을 보니 끼고 있는 면장갑이 젖어 있었다. 물기 있는 생선을 만지니 장갑인들 성하겠는가. 나는 얼른 커피를 타 와서 한 잔 권했다.

장사한 지 삼십 년도 더 됐다니 인근 동네일이라면 모르는 게 없을 게다. 이 동네 저 동네를 다 돌아다니니 알고 지내는 집들도 많을 테고, 그래서 벌이도 괜찮을 줄 알았다. 그런데 웬걸, 이제는 장사를 접어야겠다고 한다. 차 없는 할머니들이나 찾지 젊은 사람들은 다 차 몰고 장 보러 다니는데 누가 이고 다니는 생선을 사주겠느냐고 하며 힘없이 웃었다. 아닌 게 아니라 요즘은 다 차를 몰고 다니며 쇼핑을 하는 시대다. 대형 마트에 가면 없는 게 없는 세상인데 누가 함지에 이고 온 생선을 사주겠는가. 그러니 장사를 접을 생각을 하나 보았다.

예전 어릴 때 일이 생각났다. 그때는 보따리장수들이 많았다. 이 동네 저 동네 찾아다니며 물건을 팔던 보따리장수 아줌마들은 자기 몸보다 더 큰 보퉁이들을 이고 다녔다. 옷장사도 있었고 방물장수도 있었다. 보따리들이 하도 커서 목이 어깨 속으로 파묻혀 들어갈 것 같았다.

우리 집에는 보따리 장사꾼들이 잘 찾아왔다. 그들은 어둠살이 낄 때 찾아와서 하룻밤 재워주기를 청했다. 그럴 때마다 어머니는 거절하지 않고 받아주었다. 이튿날 아침을 먹고 다시 길을 떠날 때면 재워주고 밥 먹여줘서 고맙다며 뭐라도 하나 주고 가려고 그랬다. 그때마다 우리 어머니는 극구 손사래를 치며 그 물건들을 다시 보따리 속에 넣어주었다. 힘들게 장사하는데 한 푼이라도 더 벌라고 그랬던 거 같았다.

옛날 생각이 나서 이것저것 물어보았다. 아줌마는 남편을 일찍 저 세상으로 떠나보내고 혼자서 자녀 셋을 키웠다고 한다. 머리에 생선 함지를 이고 이 동네 저 동네 발품 팔아 다니며 장사를 해서 자녀 셋을 먹이고 입혔지만 남들처럼 공부를 많이 시키지는 못했다고 한다.

"잘 키우지도 못했어. 그냥 저들끼리 큰 거지 뭐. 지금은 내 혼자 입이니까 그냥저냥 살아도 돼."

여자 혼자 몸으로 어린 자식들을 키우면서 살아왔을 간난신고의 세월이 안 봐도 눈에 그려졌다. 아줌마의 손을 봤다. 손가락들이 다 뭉툭했다. 오랜 세월 동안 험한 일을 하다 보니 그렇게 변했을 것이다. 자식들 거둬 입히고 먹여 살리느라고 얼마나 고생했을까.

우리 동네를 찾아오는 생선 아줌마는 어쩌면 이 시대의 마지막 보따리 장사꾼일지도 모르겠다. 이렇게 편리한 시대에 누가 이고 다니며 장사를 하겠는가? 모두 다 차를 몰고 다니며 편리하게 사는 시대인데…. 아직도 발품을 팔고 다니며 한 집 한 집 대문을 두드리는 생선장수 아줌마를 보니 새삼 잊고 있었던 옛 인정이 그리워졌다.

설 대목이니까 그나마 장사가 좀 된다면서 아줌마는 총총히 자리에서 일어났다. 물건을 받아와서 한 차례 더 장사를 해야겠다며 바삐 차가 다니는 길로 나갔지만 아줌마가 탈 차는 버스밖에 없다. 함지를 인 초라한 차림의 아줌마를 태워줄 사람이 누가 있겠는가. 찬바람이 부는 정류장에서 버스를 기다릴 아줌마의 뒷모습이 자꾸 눈에 밟혔다.

헌식

강화도 전등사의 명부전 앞 한쪽에는 제법 넓적하고 평평한 돌 받침대가 있다. 그 받침대 위에는 떡이며 과일 같은 음식물들이 놓여 있을 때가 더러 있는데, 처음에는 경우 없는 사람들이 음식물 쓰레기를 버린 건 줄 알았다. 그러나 알고 보니 돌보는 이가 없는 영령들이나 쥐와 새 같은 미물들을 위해 차려준 헌식이었다.

지난겨울의 어느 날 전등사에 갔다가 명부전에 들러 돌아가신 부모님을 기리며 절을 올렸다. 그리고 밖으로 나와 한 바퀴 둘러보고 있는데 돌담 사이의 틈으로 까만 게 쏙 나오지 뭔가. 저것이 뭘까 하며 바라봤더니 새앙쥐 한 마리가 주위를 경계하며 살금살금 머리를 내밀었다.

쥐는 위험하지 않다는 걸 알았는지 쪼르륵 나와서 잽싸게 음식물을 물고 돌담 틈으로 들어갔다. 그렇게 여러 차례 들락거리던 쥐는 가만히 지켜보고 있던 나와 눈이 마주치자 고만 고개를 돌담 안으로 들이밀더니 다시는 나오지 않았다. 그제서야 돌 위에 얹어놓은 음식물의 용도를 알았다. 미물들을 위한 마음이 그 돌 위에 얹혀 있었던 것이다.

전등사 명부전 앞의 헌식대는 말없이 거두고 챙겨주는 마음을 보여준다. 볼 때마다 마음이 따뜻했다. 이처럼 정겨운 마음을 '강화나들길'을 걸을 때도 만날 때가 있다. 선원면 지산리의 '남산마을'에 가면 말없이 정성을 기울이는 사람의 온기를 느낄 수 있다.

나지막한 산 밑에 그 집은 자리 잡고 있다. 호젓해서 마치 세간世間을 벗어난 듯한 그 집 마당에는 드문드문 소나무들이 서 있고, 세월의 더께가 낀 흙집이 고즈넉하게 서 있다. 뒷동산 한쪽에는 앉아서 쉴 수 있도록 탁자와 의자도 마련해놓았다. 그곳에서 쉴 때면 얼굴도 모르는 그 집주인의 마음 씀씀이에 절로 감탄을 한다. 제 것을 챙기고 거두는 게 당연한 세상에서 집 대문을 열고 객을 맞아들이는 그 넉넉한 마음자리는 어디에서 오는 것일까.

그 댁 뒷동산에는 자그마한 연못이 있고 그 옆에 손바닥만 한 작은 논도 한 뙈기 있다. 논이라고 할 것도 없는 작은 터지만 그래도 제법 벼가 자라고 있다. 다 거둬봐야 얼마 될 것 같지도 않게 조금뿐이지만 그래도 때맞춰 물을 대고 모내기를 했을 것이다. 양식糧食을 하려고 벼를 심은 것 같지는 않다. 만약 그렇다면 하고많은 땅 중에서 하필이면 산그늘이 지는 그곳에다 벼를 심었을까. 도대체 그 논의 벼들은 어떤 용도로 심은 것일까. 그곳에서 쉴 때면 늘 그게 궁금했다.

나중에 알고 보니 그 논들은 헌식대였다. 겨울에 먹을 것이 떨어지면 날짐승들은 배를 곯는다. 그때를 위해 벼를 심어둔 것이었다. 한 푼도 손해 보지 않으려고 하는 게 세상의 인심인데, 그 댁의 주인장은 무슨 생각으로 길손들이 쉬었다 갈 수 있도록 집을 내주고 또 날짐승들까지도 다 거두는 것일까. 하늘은 지극정성을 다하는 사람에게 복을 내려주신다고 하는데, 그 댁이 그렇게 평화로운 것은 하늘이 주신 가피加被 덕분이 아닐까 하는 생각이 들었다.

그러고 보니 작년 겨울이 생각난다. 마당 한쪽에 있는 감나무 밑에 차를 세워두곤 했는데 이상하게 차에 늘 보라색 물똥이 묻어 있었다. 감나무 근처에는 머루나무도 한 그루 있는데 새들이 들락거리며 머루를 따먹었다. 보라색 물똥은 새들이 남긴 흔적이었던 것이다.

가을에 머루를 따고 좀 남겨두었다. 손에 닿지 않아서 남겨두었을 뿐인데 겨우내 새들의 먹이가 되었나 보았다. 바짝 말라서 오그라들었지만 한겨울에는 그것도 큰 모이였는지 머루가 다 떨어질 때까지 새들의 발걸음은 멈추지를 않았고 내 차는 늘 보라색 물똥을 머리에 이고 도로를 달리곤 했다.

올해도 우리 집 머루나무는 저절로 자랐다. 이른 봄에 묵은 삭정이들을 잘라줘서 그런지 올해는 다른 해보다 더 오지게 달렸다. 가을이 깊어가자 머루송이가 새까맣게 익어간다. 새콤하면서도 달콤한 자연의 맛 앞에 절로 침이 고인다. 머루나무 옆의 감나무에도 주황빛 물이 들었다. 어느 해 한번 저를 위해 애쓴 적이 없는데도 감나무는 해마다 가을이면 저토록 아름다운 그림을 그려준다.

자연은 늘 이렇게 풍성하게 돌려준다. 내가 저를 위해 한 것도 없는데 때 되면 이토록 열매를 주니, 절로 고마운 마음이 든다. 머루도 감도 남겨 둬야겠다. 어찌 알겠는가, 하늘이 더 큰 것을 내려주실지 말이다.

어부의 아내

초지진을 출발한 우리는 분오리돈대를 향해 걸어가고 있다. 물이 빠져나간 갯벌은 온통 나문재 밭이다. 염생식물인 나문재는 민물이 들면 바닷물 속에 잠겼다가 물이 빠져나가면 비로소 온몸을 드러낸다. 발갛게 물이 든 나문재가 꽃인 양 아름답다.

두어 시간이나 걸었을까, 선두리 어판장에 도착했다. 항상 흥성대던 곳인데 오늘은 왠지 한가롭다. 북을 두드리며 엿을 팔던 장사꾼도 보이지 않는다. 주말도 아닌 주중에, 더구나 한겨울에 횟집을 찾아올 여행객들은 많지 않으리라. 그때 누가 부르는 소리가 들렸다. 긴 생머리에 청바지를 입은 아가씨가 나를 향해 다가오며 손짓을 했다. 모습은 낯설었지만 목소리는 귀에 익었다. 웃을 때 살짝 드러나는 덧니까지도 똑같았다. 현희였다.

덥석 내 손을 잡으며 나를 이끌던 현희는 우리 식구들의 안부도 챙겼다. 그러다가도 손님이 지나가면 얼른 눈길을 밖으로 보내며 "어서 오세요" 하고 말을 붙였다. 몇 년 못 본 사이에 현희는 완전 어른이 다 되어 있었다.

십여 년 전 봄이었다. 새 학교로 전근을 간 남편은 담임을 맡은 반 아이들을 매우 마음에 들어 했다. 되바라진 아이는 하나도 없고 모두 순박해 보이더라고 하며 아이들과 함께할 날들에 기대를 했다. 남편이 담임을 맡은 반 아이들은 모두 20여 명이었는데, 남학생과 여학생의 비율이 엇비슷하다 했다. 그중에서 특히 눈길을 끌었던 아이가 바로 현희였다.

현희가 있는 곳은 항상 시끌벅적했다. 호탕하게 웃고 걸걸하게 행동하는 그 아이 곁에는 친구도 많았다. 사람을 몰고 다니는 게 그녀의 특기요 또 장기였다. 그런 그 애에게 무슨 근심이 있고 아픔이 있으랴 싶었다. 그러나 가슴속의 슬픔을 숨기기 위해 겉으로 그렇게 화통하게 행동했던 현희였다.

현희네 집에는 어머니의 자리가 비어 있었다. 아이들이 어릴 때 집을 나간 어머니 대신 할머니가 살림을 돌봐주셨지만 고달픈 생활에 치여서 그랬는지 할머니의 말씨는 부드럽지가 않았다. 또 어부였던 아버지는 돈을 벌면 챙길 줄을 모르고 금세 다 써버리기에 바빴다. 그래서 현희는 방학 때마다 식당을 하는 친척을 도와주며 용돈을 벌어 자기 앞가림은 스스로 해나갔다.

천둥벌거숭이처럼 뛰놀던 현희가 어느 날부터 마음을 먹고 공부를 하기 시작했다. 끊임없이 긍정의 눈길을 보내주는 선생님의 격려에 힘입어

장래를 계획하기 시작했다. 자신처럼 형편이 어려운 아이들을 도와주는 선생님이 되고 싶다고 그 애는 말했다. 아버지처럼 배를 모는 어부가 되겠다고 했던 섬 소녀가 더 큰 세상으로 나갈 꿈을 키우기 시작했다.

중학교를 졸업하고 읍내의 고등학교로 진학을 한 그 애는 간간이 우리에게 소식을 전하곤 했다. 어쩌다 길에서 마주치기라도 하면 반갑게 달려와서 큰 소리로 인사를 하였다. 고등학생이 되어서도 호탕한 성격은 그대로였는지 그 아이의 곁에는 늘 친구들이 서넛 붙어 있었다.

서울에 있는 대학에도 갈 수 있을 정도로 현희의 학교 성적은 괜찮았다. 하지만 장학금을 지급받는 조건으로 지방의 어느 대학으로 진학을 했다. 부모가 대주는 돈으로 편하게 생활하는 애들과 달리 그 애는 학비며 생활비까지 다 스스로 벌어서 썼다. 외국으로 어학연수를 갈 때는 고등학교에 다니는 남동생의 반 년 치 용돈까지 만들어놓고 간 아이였다.

그렇게 열심히 살던 아이였는데 언젠가부터 소식이 뜸해지더니 재작년에는 아예 연락이 되지를 않았다. 무슨 일이 있는 건가 궁금해 하던 남편에게 그 애에 대한 소식이 날아왔다. 아기를 낳고 살림을 차렸다는 소문이었다. 선두리어판장에서 남편과 함께 횟집을 한다고 했다.

어부가 되고 싶다고 했던 소녀가 어부의 아내가 되었다. 크게 될 테니 지켜봐 달라고 했던 아이였는데, 어부의 아내는 그 애가 꿈꾸던 장래의 모습이었을까. 그 애에게는 몰라도 그 아이를 가르쳤던 선생님에게는 그렇지 않았던 모양이었다. 남편은 내내 아쉬워했다. 공부를 마치기를 바랐는데 중도에 그만둔 게 안타까웠던 모양이었다.

점심은 드셨느냐면서 안에 들어가서 요기라도 하라고 현희가 권했다.

말만으로도 고맙다며 손사래를 치는 내게 선생님께 구워드리라면서 말린 생선을 또 한 꾸러미 안겨주었다. 늘 어리게만 봤는데, 못 본 사이에 어른이 되어 있었다. 이다음에는 선생님과 같이 한번 놀러 오마고 했더니 그제야 시름을 벗은 듯 환하게 웃는다. 남편에게 그 애가 특별한 제자였듯이 현희에게도 선생님은 남달랐던 모양이었다. 선생님에게 인정을 받고 싶은 듯 "저, 장사 잘해요. 장사로 최고가 될 거예요. 선생님에게 꼭 그렇게 전해주세요."라고 내게 말했다.

가게 뒤쪽에서 누가 아기를 안고 나왔다. 현희의 시어머니였다. 연신 웃음을 지으며 아기를 어르고 있는 그 얼굴이 눈에 익다. 아, 두어 해 전 여름에 우리에게 감로수를 건네주었던 그분이었다.

여름에는 그늘이 있는 산길을 주로 걷지만 그날은 갯벌을 따라 걷는 나들길 8코스를 걸었다. 초지진에서 출발해서 분오리돈대까지 가는 그 길은 바다를 끼고 걷는 길이라서 그늘이 별로 없다. 선두리 어판장에 도착했을 무렵에는 모두 더위에 지쳐 있었다. 그늘 한 점 없는 바닷가 길을 걸었으니 그럴 만도 했다.

한창 더운 한낮이어서 그런지 어판장에는 사람이 별로 보이지 않았다. 수족관에 있는 물고기들만 살아 움직이는 듯하던 그런 한낮이었다. 그때 누가 물병과 컵을 들고 우리에게 다가왔다. 방금 냉장고에서 꺼낸 듯 물병의 겉에는 차가운 물방울이 맺혀 있었다. 연달아서 두어 컵씩 마셨다. 목을 타고 내려가던 그 청량감을 뭐라고 표현할 수 있을까. 감로수가 따로 없었다.

길을 걷는 나그네에게 물을 나눠주었던 마음 넉넉한 분이 현희를 며느리로 거두어 주셨다. 그러니 이제 더 이상 걱정은 하지 않아도 될 것 같다. 남편의 마음 한 편에 늘 애잔하게 자리를 잡고 있던 아이였는데, 이제는 넉넉하게 지켜볼 수 있을 것 같다.

장사로 최고가 될 거라는 그 애의 말은 빈말이 아닐 것이다. 항상 열심히 살았듯이 장사도 살림도 잘 해낼 것이다. 나중에 혼례식을 올릴 때 주례는 꼭 선생님이 서주셔야 한다며 내게 당부하는 그녀가 예뻤다. 분오리돈대까지 가는 발걸음이 날아갈 듯이 가벼웠다.

마당에서 놀아보자

작은 바람에도 나뭇잎은 떨어진다. 벌써 근 보름 이상을 감나무는 몸을 가볍게 하고 있다. 아직 겨울이 되려면 날이 많이 남았건만 뭐가 그리 급해서 저렇게 잎을 떨구는 걸까. 오늘도 낙엽 치우는 걸로 하루를 시작했다. 매일 하는 일인데도 귀찮거나 힘들지가 않은 것은 낙엽 쓸기가 가을의 마당이 내게 주는 놀이이기 때문이다.

마당이 넓은 집이다 보니 할 일도 많다. 풀도 뽑고 빗자루질도 해야 하고 눈이 오면 눈도 치워야 한다. 마당이 없는 집에 사는 사람들과 비교해서 보자면 할 일이 훨씬 더 많지만 그래도 늘 즐거운 것은 마당이 주는 혜택이 크기 때문이다.

마당은 우리 민족의 고유한 생활공간이었다. 그곳은 열린 공간이었다.

과거 농경사회에서 마당은 수확한 농작물을 털고 말리는 곳이었으며 혼례를 치르는 초례청이기도 했다. 회갑연의 흥겨운 자리가 되기도 했고 상여가 메어지던 곳이기도 했다. 삶의 처음과 끝이 마당에서 있었다. 마당은 또 놀이터이기도 했다. 아이들은 좁은 집 안보다는 탁 트인 마당에서 노는 걸 더 좋아했다. 자치기며 구슬치기, 땅따먹기와 비석치기 등의 온갖 놀이를 마당에서 하면서 자랐다. 아이들의 웃음소리와 우정 어린 다툼 속에서 추억이 쌓이는 곳이 바로 마당이었다.

마당은 이웃과 이웃을 서로 연결해주는 다리와도 같았다. 동네 공터는 어른들의 회합 장소이기도 했다. 벼 수매를 할 때면 나락 가마가 어른들 키 높이로 쌓였고 선거철이 되면 갑론을박 정치의 장이 열리기도 했다. 공터는 마을 사람들을 모으는 마당이었다.

우리 마음속에도 마당은 있었다. 그것은 푸근하게 지켜봐주기였으며 또 넉넉하게 품어주는 것이었다. 가진 게 많지 않아도 풍요로웠고 작은 것도 나눠 먹었으며 어려운 일이 있으면 힘을 보탰다. 동네가 아이들을 키웠으며 좀 모자란 듯한 사람도 거둬주었다. 더불어 살면서 위아래를 챙기고 위하는 마음이 절로 생겼다.

그러나 그런 마음의 여유는 계산하고 따지는 것에 밀려 사라져 갔다. 비워져 있어야 채울 수도 있는데 우리는 비어 있는 것을 게으름이나 실패라고 생각을 하고 끊임없이 채우기 위해 애를 쓴다. 빈터에는 건물을 짓고 또 담을 쌓아 올리고 작은 것에도 손익을 따지면서 계산을 한다. 비어 있음은 여유로움일 수도 있고 휴식이기도 한데 우리는 빽빽하게 채워져야 비로소 안심을 한다. 그러다 문득 돌아보면 주변이 삭막한 감이 들고 사람 속에 있어도 고독감이 든다. 많이 가졌는데도 만족을 못하고 끊임없이 갈구한다.

이것은 아이들 역시 마찬가지다. 모든 것이 점수로 매겨지고 자로 재어지는 경쟁 속에 우리 아이들은 내몰린다. 주변의 친구들은 조력자가 아니고 경쟁자일 뿐이다. 내 스스로 길을 찾아가기보다는 부모가 보여주고자 하는 것만을 보게 되고 들려주고자 하는 것만을 듣고 자란다. 마치 한 공장에서 찍어낸 제품처럼 아이들은 성공이라는 바벨탑을 향해 전진하는 전사들로 키워진다.

우리는 마당을 잃었다. 상자 갑처럼 똑같이 생긴 집에 살면서 생활도 꿈도 비슷해져 가는 게 현대인의 모습이다. 우리는 마당보다는 가상의 세계에서 놀 때가 더 많다. 그러니 요즘 아이들이 더불어 자라던 넉넉함을 알 리가 있겠는가. 또 함께 어울려 신명나게 놀던 흥겨움 역시 알 길이 없다.

마당이 없는 삶을 사는 현대인들에게 마당을 찾아주자. 그곳에서 판을 벌려보자. 어린 아이들에게는 꿈과 도전을, 어른들에게는 여유와 신명을 펼칠 놀이판을 만들어보자. 그렇게 해서 시작된 게 있다. 바로 인천시 강화군 양도면 하일리의 자람도서관 앞마당에서 열리는 놀이판 '열린마당'이 그것이다. '함께 신명나게 살아보자'는 기치 아래 시작을 한 게 지난 6월부터였는데 어느새 다섯 번이나 판을 벌였다.

매달 마지막 주 토요일이면 자람도서관 앞마당에서는 차일이 펼쳐지고 손님과 주인이 따로 있지 않는 장이 열린다. 예닐곱 살 어린이부터 어른들까지 모두가 주인이 되는 잔치가 벌어진다. 야외용 돗자리를 펴고 그

위에 판매할 물건들을 가지런히 정리를 한다. 물건을 사기만 했지 팔아본 적은 없던 아이들과 어른들인지라 호객을 할 줄도 모르고 더구나 돈을 매기는 일에 서투르기만 하다.

자기가 아끼던 장난감을 장터에 내놓은 아이는 그러나 못내 아쉬운지 자꾸 만지작거린다. 얼마냐고 물어도 선뜻 대답을 못하다가 마침내 마음을 접었는지 내준다. 아이는 아끼던 것을 보내면서 서운했겠지만 돈을 보자 기분이 좋아졌나 보다. 자기 손으로 돈을 벌어보는 이런 경험이 아이에겐 소중한 기억으로 남을 것이다. 또 아끼던 것을 남에게 양보하는 배포도 아이는 배웠을 것이다.

마당 한쪽에는 들마루가 있다. 이름 그대로 그곳은 도서관을 드나드는 사람들이 잠시 몸을 내려놓고 쉬는 곳이지만 지역의 청소년들이 갈고닦은 기예들을 펼쳐 보일 때면 그곳은 훌륭한 무대가 되고 공연장이 된다.

사람들 앞에 서본 경험이 많지 않은 아이들인지라 무대에 서자 어색해서 어디에 눈을 둬야 할지 모른다. 하지만 옆에 서 있는 친구를 믿고 용기를 내본다. 혼자보다는 여럿이 있을 때 의지가 되고 힘이 된다는 것을 아이들은 느꼈으리라. 그리고 한번 무대에서 자신을 표현해본 경험이 있는 아이는 자신감이 생긴다. 그 힘이 아이가 살아갈 나날에 큰 힘이 될 것이다.

요리경연대회도 열렸다. 초등학교 저학년부터 고등학생까지, 참가하는 면면도 다양했다. 참가자들은 미리 준비해온 재료로 요리를 해서 가지런히 접시에 담아 심사위원들 앞에 내놓았다. 과일꽂이가 있는가 하면 주먹밥에 토스트, 그리고 월남 쌈에 야채 피자까지 요리의 종류도 다양했다. 서툰 솜씨였지만 정성만은 어디에 내놔도 빠지지 않을 요리들이었다.

‘열린마당’에서는 지역의 생산물들이 판매가 되기도 한다. 바다에 나가 갓 잡아온 바지락과 낙지는 풀어놓기가 바쁘게 매진이 되며 땅콩이나 고구마와 같은 농산물과 집에서 손수 만든 조청이나 청국장 같은 가공식품들도 마당을 통해 이웃집으로 전달이 된다. 맛있는 게 있으면 사람을 청해 나눠 먹는 훈훈한 인심이 ‘열린마당’을 통해 살아나고 있다.

‘열린마당’이 열릴 때면 도서관 앞마당은 어른과 아이들이 함께하는 잔치 마당이 된다. 그곳에서는 연신 웃음소리가 퍼져 오른다. 어른들은 흐뭇한 눈길로 아이들을 지켜보고 아이들은 신이 나서 이리저리 뛰논다. 지나가는 사람들도 일부러 차를 세우고 구경을 한다.

자람도서관을 위시해서 화도마리 공부방, 강화정토회, 그리고 양도초등학교 학부모회가 같이 여는 열린마당은 서로 돕고 나누면서 재미있게 사는 길을 만들어가고 있다. 어른과 아이들을 이어주고 모임과 단체들을 서로 소통시켜주며 지역과 도시를 연결해주고 있다.

아줌마가 움직이면 다 된다는 말이 있다. ‘열린마당’ 역시 아줌마의 힘으로 만들어졌다. 경제논리가 아닌 삶의 논리로 무장을 한 그이들은 따뜻하고 적극적이다. 열린마당과 함께 엄마들도 자랐다. 신명나게 일을 펼쳐나갔던 그녀들은 더 큰 마당을 꿈꾼다.

마당을 만들어가는 그이들을 보며 나도 더 넓은 마당으로 나아간다. 자유와 열림, 소통과 평화, 그리고 포용과 나눔의 표상인 ‘열린마당’에서 즐거이 놀 나날을 그려본다. ‘열린마당’과 함께라면 앞으로의 나날들이 늘 잔치와 같으리라는 믿음을 가지고서.

니 하오!

얼마 전에 친정에 일이 있어 다니러 갔다가 걱정스러운 이야기를 들었다. 장가를 못 가서 오랫동안 홀로 지내던 친척 동생이 베트남 아가씨를 아내로 맞이했는데 색시에게 도통 바깥나들이를 시키지 않는다는 것이었다. 그래서 시집온 지 몇 년이나 지났는데도 색시는 아직도 한국말이 서투르고 둘 사이에 태어난 아이도 우리말을 잘 못한다며 집안에서 걱정들을 하였다.

외국인 며느리들이 한국 생활에 빨리 적응하기 위해서는 사람들과 접촉을 많이 해야 하는데 친척 동생은 색시를 집 안에만 묶어둔 것이었다. 그러니 색시뿐만 아니라 아이까지 우리말을 잘 못하는 것은 당연한 일이었다. 색시가 남의 입에 오르내리는 것이 못마땅해서 친척 동생은 그렇게 했겠지만 그래도 사람들과 함께 어울려야 하는데 그러지를 않으니 집안 어른들은 그게 걱정인가 보았다.

친척 동생의 일을 들으니 몇 년 전 일이 문득 생각났다. 그때 남편은 매일 밤마다 근처 배드민턴 체육관으로 운동을 하러 갔다. 배드민턴 클럽의 회원 중에는 마흔이 다 되도록 장가를 못 간 노총각이 있었다. 직장도 착실하고 집안도 괜찮은데 웬일인지 장가를 못 갔다. 그런데 그 총각이 장가를 간다고 했다. 중국 한족 아가씨를 아내로 맞이하는데 서로 말이나 통하는지 모르겠다며 남편은 걱정을 하였다.

동남아에서 시집온 외국인 색시들은 여럿 봤지만 중국 사람은 처음이었다. 우리와 핏줄이 같은 조선족도 아니고 한족이라니, 도대체 어떤 사람일까 궁금했다. 당시에 나는 중국에 관심이 많았고 중국어를 배웠으면 하던 차였다. 그래서 내가 한국어를 가르쳐주겠다고 자원하고 나섰다. 그렇게 하면 자연스럽게 중국어를 배울 수 있을 것이라는 속계산을 했던 것이다.

그로부터 얼마 지나지 않은 어느 날 밤이었다. 배드민턴을 하러 체육관으로 갔더니 새신랑이 알은체하며 인사를 했다. 그 사람 옆에는 예쁜 색시가 서 있었는데 말로만 들었던 그 중국 새댁이었다. 새신랑은 나를 한국어를 가르쳐줄 선생님이라며 색시에게 소개를 했다. 그때 나는 외국인에게 한국어를 가르치는 방법을 배우고 있을 때여서 실습 삼아서 그 색시에게 우리말을 가르쳐주겠다고 나섰던 것이다.

중국서 시집온 새댁에게 한국어를 가르쳐주면 중국어는 덤으로 배울 수 있겠다 싶었다. 그래서 나섰지만 막상 대면하고 보니 어떻게 해야 할지 막막했다. 내가 아는 중국어는 "니 하오?"밖에 없다. 그래서 웃는 얼굴로 '니 하오' 했더니 그 색시도 반색을 하면서 "니 하오? 안녕하세요?" 하지 뭔가. 그러나 그게 다였다. 더 이상 말을 이어갈 수가 없었다. 내가 아는 유일한 중국말은 "니 하오?"밖에 없었고 중국 새댁이 할 줄 아는 한국말도 "안녕하세요?"와 같은 인사말이 다였다. 그래서 우리는 서로 눈을 쳐다보면서 어색한 웃음만 지을 수밖에 없었다.

근처에서 배드민턴을 하고 있던 사람들이 수군대며 쳐다봤다. 그러나 다들 쳐다만 볼 뿐 새색시에게 말을 건네지는 않았다. 그들도 말이 통하지 않으니 인사를 건넬 생각을 못했으리라. 다행히 중국 색시는 눈치가 빨랐다. 새신랑과도 말은 잘 통하지 않았지만 눈빛으로 서로를 챙겨 나가는 모습을 볼 수 있었다. 또 이웃들과도 차츰차츰 친해져 갔다. 비록 말은 자유롭게 통하지 않았지만 그녀를 도와주려는 이웃들의 마음을 중국 색시가 알아간 것 같았다.

'니 하오'와 '안녕하세요'로 시작한 우리말 배우기 수업은 점점 가지를 뻗어갔다. 가게에 가서 물건도 사고 식당에 가서 음식 주문도 하면서 중국 새댁은 사람들 속으로 들어갔다.

중국어를 배울 속셈으로 중국 새댁을 가르쳤던 그때의 나처럼 우리 친정 동네에도 베트남 말을 배우고 싶은 사람은 없을까. 다른 나라에 대한 호기심만 있다면 한국어 수업은 벌써 반은 성공한 것이나 매한가지일 것이다.

우리나라도 점차 다문화사회가 되고 있다. 시골인 강화도에서도 외국에서 온 사람들을 볼 수 있을 정도니 도시야 말해 무엇 할까. 결혼 이주

여성도 있고 돈을 벌기 위해 우리나라로 온 사람들도 있다.

'행동이 말보다 더 크게 들린다'는 말도 있다. 상대를 생각하는 따뜻한 눈빛과 몸짓, 그리고 표정만으로도 충분히 마음을 주고받을 수 있다는 말이리라. 말 없는 가운데도 진심은 전달된다. 건성으로 하는 말보다는 따뜻한 눈빛과 몸짓이 오히려 사람의 마음을 움직이게 한다. 그러니 낯선 땅에서 적응하기 위해 고군분투하는 외국에서 온 이주민들을 따뜻한 눈빛으로 바라볼 일이다.

넘어지지 말자

겨울 산행은 다른 철과 달리 준비할 게 많다. 보온을 위한 모자와 장갑은 필수이고 눈길이나 빙판길에서 미끄러지지 않도록 해주는 아이젠도 꼭 챙겨야 한다. 또 한기가 스며들지 않도록 목도리도 두르고 눈이 신발 속으로 들어오거나 바지에 묻지 않도록 해주는 스패츠 역시 챙겨야 한다. 그 외에도 구비해야 할 것들은 더 있지만 방수 등산화 역시 빼놓을 수 없는 기본 아이템 중의 하나이다.

그런 걸 잘 알면서도 나는 아직 방수신발도 스패츠도 갖추지를 못했다. 어쩌다 한 번씩 걷는 강화나들길인데 그렇게까지 갖출 게 뭐 있을까 하는 생각에 늘 대충 차려입고 따라나서고는 했다. 그래도 아이젠만은 빼먹지 않고 꼭 챙긴다. 그것은 혹시 모를 미끄럼 사고를 방지하기 위해서다.

전에는 넘어지는 게 무섭지 않았다. 혹시 길에서 넘어지기라도 할라치면 다른 사람들 보기에 좀 부끄러워서 그렇지 툭툭 털고 일어나면 그뿐이었다. 그런데 언젠가부터 나는 미끄러져서 넘어질까 봐 조심을 한다. 그것은 친정아버지가 넘어져 다친 뒤로 고생하시던 걸 봤기 때문이다.

몇 년 전 봄에 아버지는 넘어지셨다. 그때 친정집의 사랑채를 수리하던 중이라 마당에는 이것저것 널린 게 많았다. 남동생은 아버지에게 미리 당부를 했다. 집이 어지럽혀져 있어서 눈에 거슬리더라도 치우고 그러시지 말고 그냥 구경만 하시라고 했다. 혹시 아버지가 일을 하시다가 다치기라도 할까봐 걱정이 되어서 말씀드렸는데도 아버지는 그예 큰 사고를 내고 말았다.

처음에는 아들의 말을 따라 그저 구경만 했지만 아버지 눈에 널려 있는 것들이 영 거슬렸던가 보았다. 이웃에 사는 집안 어른들도 마찬가지였는지 어느 날 힘을 모아 미처 치우지 못한 큰 기둥 하나에 달려들었다. 여든이 넘은 분들이 당신들의 나이는 생각지를 못하고 예전 생각만 하고 팔을 걷고 나섰던 것이다. 젊으셨을 적에는 모두 볏가마를 번쩍번쩍 들어 올렸던 장골들이었으니 그깟 기둥 하나 옮기는 것은 일도 아닌 것처럼 생각이 되었으리라. 그래서 두 팔 걷고 나무 기둥에 매달려서 용을 썼다.

세 노인이 나무 기둥에 달라붙어서 놀이 하듯이 힘을 썼다. 그까짓 것은 일도 아니었다. 아직도 팔에는 힘이 남아 있었고 모처럼 옛날로 돌아간 듯 기분도 좋으셨으리라. 그런데 아뿔싸, 힘을 너무 쏟았나 보다. 기둥이 너무 쉽게 들려버린 것이다. 그 바람에 세 노인은 뒤로 벌렁 넘어지며 엉덩방아를 찧었다. 아버지가 맨 밑에 깔렸고 그 위로 두 분이 엎어졌다.

두 분은 툭툭 털고 일어났지만 아버지는 그러지를 못했다. 땅에 주저앉은 채 굴신을 하지 못하는 아버지를 모시고 병원에 달려갔더니 고관절에 금이 갔다고 하지 뭔가. 그 길로 아버지는 두 발로 땅을 밟을 수가 없었고 다시 걷기까지 모진 고생을 해야만 했다.

고관절에 금이 가서 수술을 받은 아버지는 당최 잡숫지를 않았다. 마실 걸 권해도 됐다 하셨고 밥도 거의 사양하다시피 했다. 아버지가 왜 아무것도 드시지를 않으려 하는지 아무도 몰랐다.

아버지는 성정이 깔끔하고 남에게 폐 끼치는 걸 어려워하는 분이었다. '내가 하기 싫은 것은 남 역시 하기 싫은 일이니 다른 사람에게 시키지 말아야 한다'고 하시며 주변 사람들을 힘들게 하지 않으셨던 분이었다. 그런 아버지가 대소변을 남의 손에 의지해서 해결해야 했으니 얼마나 불편하고 또 민망했을까. 수술 후 한동안 꼼짝 않고 침대에만 누워 있어야 했으니 당연히 화장실 출입도 할 수 없는 형편이었다. 그래서 대소변 역시 침대에 누워서 봐야 했다. 아버지는 그게 영 견디기가 어려워서 아예 드시지를 않았다. 먹은 게 없으면 나오는 것도 줄 테니 간병인에게 못 볼 꼴을 안 보여줄 수 있다고 생각하셨던 게다.

두어 달 동안 병원에서 요양을 하셨던 아버지는 죽을힘을 다해 운동을 했고 마침내 당신 힘으로 걸을 수 있게 되었다. 고관절을 다치면 대부분 다시 걷지 못한다고 하는데, 아버지는 기적적으로 걸을 수 있게 되었다. 비록 집 안에만 돌아다닐 수 있을 정도밖에는 회복이 되지 않았지만 그래도 당신 발로 화장실 출입을 할 수 있는 것만 해도 어디냐고 하셨다.

아버지는 연세에 비해 꽤 건강하셨다. 일흔 즈음부터는 아침마다 산책

삼아 십 리 정도 길을 매일 걸었다. 그렇게 십여 년을 걸으셔서 그랬는지 몸도 마음도 건강하셨다. 그런 아버지가 꼼짝없이 집 안에 갇혀 지내야만 하는 신세가 되었으니 얼마나 갑갑하고 답답했을까. 바깥나들이를 할 때 타고 다니시라고 작은 전동차를 구입해드렸으니 그나마 갈증은 풀렸겠지만 그래도 당신 발로 걸어 다니는 것만 하겠는가.

그보다 더한 것은 체력이었다. 걷지 못하게 되자 아버지는 급격하게 노쇠해졌다. 버스와 기차를 몇 번씩 갈아타며 경북 청도에서 강화도 우리 집까지 거뜬하게 다니시던 아버지는 고관절을 다친 이후로는 다시는 우리 집에 와보시지 못했다. 뼈를 다치신 지 이태도 더 못 사시고 아버지는 돌아가시고 말았다.

그런 아버지를 본 후로 나는 넘어지는 게 무섭다. 농담 삼아 우리 또래들이 '이제 넘어져서 뼈가 부러지면 잘 붙지도 않는 나이다'라고 말하고는 하는데 그것은 농담이 아니라 진담이기도 했다. 우리는 넘어질까 봐 조심을 해야 하는 나이가 어느새 된 것이다.

산길로 접어들자 등산화 밑에 아이젠부터 끼웠다. 산에는 며칠 전에 온 눈이 아직 녹지 않고 남아 있었다. 햇빛이 비치는 남쪽은 눈이 다 녹았지만 그늘진 북쪽은 아직 수북하게 눈이 쌓여서 어디가 길인지도 잘 분간이 되지 않았다.

우리는 지금 성덕산에 오르는 중이다. 강화군 양사면에 있는 성덕산은 그리 많이 알려진 산은 아니지만 한번 가본 사람들을 또 가도록 만드는 산이다. 여타의 강화 산들과 마찬가지로 성덕산 역시 산마루에서 내려다보는 눈 맛이 좋기 때문에 또 찾게 되는 것이다.

강화의 산들은 오르기에 만만하다. 산이라고 해봤자 300~400미터 내외의 높이이니 한나절 안에 올라갔다가 내려올 수 있다. 산등성이에 올라서면 드넓은 들판이 시원하게 펼쳐져 있고 올망졸망 떠 있는 섬들을 껴안은 서해 바다가 정겹게 다가온다. 산 아래에는 포도송이처럼 동네가 깃들어 있고 동네들을 이어주는 길들이 포도 줄기처럼 뻗어 있다.

성덕산 아래에도 올망졸망 마을들이 깃들어 있다. 강화의 최북단인 양사면의 여러 동네들이다. 북쪽으로 눈을 돌리면 마을 앞으로 너른 들판이 펼쳐져 있고 들판 너머에는 희뿌옇게 흘러가는 강이 보인다. 강 건너에도 들이 보이고 굼실굼실 산이 이어진다. 산 아래에는 포도알 같은 집들을 오롱조롱 달고 있는 마을들이 있다. 우리나라 어디를 가도 볼 수 있는 산이며 동네의 모습이다.

강폭은 기껏해야 2킬로미터나 되려나. 썰물이 들어서 물이 빠지면 강폭은 더 좁아진다. 마음먹고 걸으면 30분도 채 안 걸릴 거리다. 그런데도 60년이 넘도록 아무도 그곳을 넘나들지 못했다. 뜀박질해서 가면 10분이면 너끈히 갈 수 있는 곳을, 지구를 돌아도 몇 바퀴나 돌아볼 수 있을 시간 동안 헤매고 있는 것이다.

그곳은 북녘 땅이다. 황해도 개풍군이 성덕산에서 환히 건너다보인다. 이름만 들어도 정겹다. 우리나라 어디를 가도 볼 수 있는 마을들이 그곳에도 있을 것이다. 강을 앞에 둔 산들이 품은 고만고만한 마을들이 눈에 보이는 듯 그려졌다.

지금 우리가 강화의 산을 오르내리는 것처럼 언젠가는 황해도의 산과 들도 걸을 날이 있을 것이다. 마을과 마을을 이어주는 길들도 걸어보리

라. 언제가 될지 모를 그때를 위해 넘어지지도 말고 다치지도 말자. 두 다리가 튼튼해야 걸을 수 있다.

아이젠을 끼운 등산화로 땅을 한번 툭툭 차본다. 눈이 쌓인 땅은 단단하게 굳어 있었다. 지금은 비록 얼어붙어 있지만 날이 풀리면 땅도 녹을 것이다.

강 건너 저 동토에도 봄날은 오리라. 언젠가 다가올 그날을 그려본다. 눈이 쌓인 겨울 산에서 봄날에 대한 기다림으로 마음이 설렌다.

제3부

봄이 오는 샘터

고라니

"저거, 저거!"

딸이 앞쪽을 가리키며 소리쳤다. 그 소리에 놀라 운전대를 꽉 움켜쥐며 차의 속도를 늦췄더니 몇 미터 앞쪽에 고라니 한 마리가 있지 뭔가. 엉거주춤 길 한가운데 서서 멈칫거리는 모습이 자동차 불빛에 놀랐나 보았다. 불을 끄자 그제야 정신을 차린 듯 비척대며 길을 건넜다.

운전하다가 더러 고라니를 보지만 이렇게 바로 앞에서 맞부딪히기는 또 처음이다. 저도 놀랐는지 차가 오는데도 가만 서 있다가 불을 꺼주자 그제야 갈 길을 간다. 고라니가 길을 다 건널 때까지 기다렸다가 자동차의 불을 켜고 다시 출발했다.

오랜만에 집에 다니러 온 딸을 마중하러 나갔다가 큰일을 낼 뻔했다.

딸이 봤기에 망정이지 그렇지 않았다면 어찌 되었을까. 늦은 밤이라 차들의 왕래가 많지 않아서 고라니는 무사히 길을 건널 수 있었다. 만약 차가 많이 다니는 시간대였다면 과연 길을 건널 수 있었을까. 운이 나쁘면 차에 치여서 다치거나 비명횡사하는 몸이 되었을지도 모른다. 우리는 길을 건너 산 쪽으로 뛰어가는 고라니를 한참 동안 지켜보았다.

밤에 운전을 하다 보면 동물들을 만날 때가 더러 있다. 동네 근처에서는 고양이를 주로 보지만 산자락에 붙어 있는 길을 지날 때면 고라니 같은 야생동물들을 볼 때도 간혹 있다. 도로 위에서 동물을 만나면 차를 멈추어 보호해주는 게 당연하지만 못 보았거나 또는 미처 피하지 못해서 차로 치는 경우도 있다. 그럴 때 차를 세우고 다친 동물을 길 밖으로 옮겨서 돌봐주는 운전자는 그리 많지 않을 것 같다. 그깟 동물을 친 게 뭐 그리 대수냐 생각하는 사람도 있을 것이고, 비록 동물일지라도 산 생명을 치었으니 빨리 그 자리를 피하고 싶은 마음에 그냥 도망치는 사람도 있을 것이다.

나도 전에 고라니를 친 적이 있다. 야간자율학습을 끝낸 딸을 데리러 가다가 고라니를 치었다. 혹시라도 늦을까 봐 급하게 달리는데 '쿵' 하는 소리와 함께 차체에 충격이 왔다. 나는 공사장에 있는 시설물을 들이받은 줄 알았다. 그곳은 마침 도로 공사 중이어서 어지러이 시설물들이 놓여 있었다. 그런데 고라니 한 마리가 비척대면서 서 있지 뭔가. 헤드라이트의 강한 불빛이 눈부셔서 그런 걸까, 아니면 차와 부딪힐 때의 충격 때문인지 고라니는 계속 비척댔다.

늦은 밤이라 길에는 차 한 대 다니지 않았다. 그냥 가버려도 뭐라 할 사람은 없을 것이었다. 그깟 고라니 한 마리를 친 것뿐인데, 거두지 않고 가버린들 누가 뭐라 할 것인가. 황급히 그 자리를 떠났다. 어서 빨리 현장을 피하고 싶었다. 혹시라도 고라니가 죽기라도 하면 오래 오래 양심의 가책을 느낄 것 같았고, 더구나 죽어가는 모습은 보고 싶지 않았다. 그래도 차마 그냥은 떠날 수 없어서 고라니를 안아 길 아래 밭으로 옮겨주었다. 혹시라도 다른 차에 또 치일까 봐 그렇게 해주고 그 자리를 떠났다.

죄책감과 두려움에 급하게 자리를 피했지만 마음이 영 불편했다. 산 생명을 해쳤을지도 모르니 어찌 편할 수 있었겠는가. 하지만 아무에게도 내색을 하지 않았다. 입시를 앞둔 딸에게 혹시라도 해가 될까 하는 염려 때문이었다. 좋은 일을 많이 해야 그 덕이 자식에게 갈 터인데 오히려 고라니를 치었으니, 그 죄가 딸에게 미칠까 봐 두려웠던 것이다.

자율학습을 마친 딸을 태우고 집으로 돌아오는 길에 고라니를 내려놓은 곳을 쳐다봤다. 아무런 움직임이 없었다. 정신을 차리고 제 갈 길을 간 것일까. 아니면 어딘가에 쓰러져 있는 것은 아닐까. 그날 밤 죄책감에 잠을 설쳤다.

다음날 아침에 부러 그 현장을 다시 가봤다. 길에는 아무 흔적도 없었다. 만약 고라니가 다쳤다면 핏자국이라도 있을 텐데, 다행히 길은 깨끗했다. 내내 꺼림칙했는데, 안심이 되었다. 비로소 나는 가책에서 풀려났다.

하지만 오랫동안 그 사고에서 자유롭지가 않았다. 차에 치여 비척대는 모습이 잊히지를 않았다. 또 제 발로 뛰어가는 것을 보지 못했기 때문에 혹시 죽은 것은 아닌가 하는 의구심이 늘 들었다. 그 뒤로도 어쩌다 한 번씩 길에서 고라니를 보게 되면 그때의 사고가 떠올라 씁쓸하였다.

산 생명에게 해를 입혀서 그랬는지 딸은 원하는 대학에 가지 못했다. 그래서 한 해 더 공부를 해야만 했다. 꼭 그 일 때문에 그리 된 것도 아닐 텐데 왠지 나는 자책감이 들었다. 고라니를 치었기 때문에 딸이 대학에 못 간 것처럼 여겨져서 미안했다. 딸이 재수를 하던 그 다음해에는 차를 운전할 때도 조심했을 뿐만 아니라 일체의 살생을 멀리하며 한 해 내내 정성을 들였다.

대학을 졸업하고 직장인이 된 지도 몇 해 지난 딸은 강화도 집에 올 짬이 별로 없다. 두어 달에 한번 정도나 올까 하지만 와도 하룻밤 자고 떠나기가 바쁘다. 딸도 자기 세계가 있는지라 바쁠 것이다. 그래도 김장을 돕겠다며 집에 오겠다는 딸의 전화를 받으니 반갑고 고마웠다.

퇴근을 하고 바로 출발했다는데도 딸은 늦어서야 터미널에 도착했다. 금요일 저녁이라 도로가 복잡했던가 보았다. 딸을 태우고 집으로 돌아오는 길에 고라니를 만났다. 고라니가 길을 다 건너갈 때까지 차를 세우고 기다려주었다. 자동차 불빛에 눈이 멀어버렸는지 잠시 주춤하던 고라니는 불을 꺼주자 곧 제 갈 길을 찾아서 갔다.

불빛 저 너머로 사라지는 고라니를 눈으로 쫒으며 예전에 있었던 사고를 떠올렸다. 그때는 미처 보지 못해 해를 입혔지만 이번에는 고라니를 지켜주었다. 어쩌면 좋은 일이 생길지도 모르겠다. 딸에게 좋은 혼처 자리가 날지 누가 알겠는가.

등에 진 배낭

중국 충칭重慶으로 가는 비행기는 오전 10시 20분에 있다. 원활한 출국 수속을 위해서 적어도 두 시간 전에는 공항에 도착해야 한다고 남편은 말했다. 배낭을 둘러매고 집을 나섰다. 이제 이 배낭을 친구 삼아 열흘 동안 중국의 서남부 지역을 돌아다닐 것이다. 대강의 큰 그림은 그리고 떠나지만 그래도 예측불허 여행이다.

두 달 배운 중국어 실력으로 배낭여행을 떠나다니, 용기라고 해야 할까 아니면 만용이라 불러야 할까. 어쨌든 우리는 계획을 세웠고 실천으로 옮겼다. 여행 도중에 생기는 문제들도 여행의 일부이고 그 또한 재미일 거라는 생각을 하니 문제될 게 없었다. 그래서 나선 걸음이었지만 그래도 못 미더워 상황별 간단한 중국어 회화를 담은 책자는 하나 챙겼다.

강화읍 터미널에 도착하니 마침 인천행 버스가 막 출발할 채비를 하고 있었다. 황급히 차에 올랐다. 승객이라고는 커다란 배낭을 등에 업은 남편과 작은 배낭만 달랑 맨 나, 그리고 여행 가방을 끌며 차에 오른 청년 이렇게 셋밖에 없었다. 그 청년도 우리처럼 공항으로 가는 길인 것 같았다.

남편과 그 청년은 누가 봐도 한눈에 여행자임을 알 수 있을 차림이다. 여행가방과 큰 배낭을 둘러매고 있으니 '나, 여행 가요'라는 말을 이마에 붙이고 있는 것이나 매한가지다. 그러나 나는 그렇지 않다. 마치 이웃 마을에라도 놀러가는 양 차림이 단출하다. 집을 떠나 열흘 이상 여행을 할 건데 달랑 작은 배낭 하나밖에 없다니….

내가 이렇게 가볍게 나설 수 있는 것은 남편 덕분이다. 그는 등 전체를 가릴 정도로 큰 배낭을 둘러맸다. 내가 단출한 대신 그는 큰 짐을 등에 업었다.

여행을 떠나기 하루 전에야 우리는 짐을 꾸렸다. 갈아입을 옷가지들과 속옷을 챙기고 비상약도 넣었다. 필요한 것은 많았다. 그러나 추리고 또 추렸다. 그래도 우리 짐은 배낭 하나 가득이었다. 그렇지만 이 정도도 준수하다고 생각했다. 두 사람 짐으로 배낭 하나이니 나름대로 간소하게 꾸린 셈이다.

나는 정말 간편하게 여행을 하고 싶었다. 소용에 닿을 것 같은 거야 왜 많지 않겠는가. 하지만 그것들 중에는 없어도 그만인 것들도 있을 것이다. 있어도 그만 없어도 그만인 것들은 다 빼고 정말 꼭 필요한 것들로만 간단하게 짐을 꾸려 가볍게 훨훨 다녀야겠다고 생각했다. 그것은 작년 여름의 여행에서 얻은 교훈 덕분이었다.

작년 여름에 소위 '만주'로 통칭되는 중국의 동북3성을 훑으면서 우리의 고대사를 배우고 익히는 역사기행을 했다. 백 명이 넘는 사람들이 함께 여행을 했는데, 모두 제 분신이기라도 한 양 커다란 가방 하나씩을 끌고 다녔다. 그런 중에도 차림이 간소한 사람이 더러 있었으니, 그들은 달랑 작은 배낭 하나만 등에 매고 다니지 뭔가. 근 열흘 동안 움직이는 여행임에도 불구하고 짐이라고는 작은 배낭에 담은 게 전부였다.

늘 가족을 거두고 챙기는 게 몸에 배어서 그런지 주부들의 짐 보따리는 컸다. 그에 비해 미혼 청년들은 몸과 마음이 다 가벼웠다. 달랑 배낭 하나뿐이니 어디를 가도 가뿐하게 나설 수 있었고 두 손이 비어 있으니 남을 도와줄 여력도 있었다.

가벼운 몸으로 여행을 하는 그 청년들을 보면서 문득 이런 생각이 들었다. '아, 내가 끌고 다니는 이 짐은 내 욕심이구나. 나는 닥치지도 않은 일을 미리 걱정하고 진단해서 짐을 꾸리고 사는구나.' 그 짐들은 일테면 나의 욕심이었다. 가볍게 살 수도 있는데 이렇게 욕심스레 챙기고 꾸려가며 사느라 나는 늘 매여 있었던 셈이었다.

열흘 넘게 여행할 거면서 작은 배낭 하나만 꾸렸다. 내가 이렇게 가벼울 수 있었던 것은 남편 덕분이었다. 그는 자신의 짐에다 내 것까지 보탠 큰 짐을 지고 다녀야만 했다.

부부는 운명공동체이니 어찌 네 것이 따로 있고 내 것이 또 따로 있으리오. 그러니 그가 내 짐을 덜어서 져주는 어찌 보면 당연한 일일 수도 있다. 하지만 그것은 내게도 해당이 되는 사항이기도 하다. 그런데도 나는 남편의 짐을 덜어주기는 고사하고 내 몫의 짐까지 남편에게 떠넘겼다.

남편이 진 큰 배낭을 보니 우리의 결혼생활도 이와 마찬가지가 아니었을까 하는 생각이 든다. 나는 늘 남편에게 기대며 살았다. 어려운 문제가 발생하면 같이 힘을 합쳐 해결할 생각은 하지 않고 남편의 등 뒤로 숨었다. 내가 마땅히 져야 할 짐도 남편에게 떠넘겼고 그것을 당연한 듯 생각했다. 내가 간편하게 산 대신 남편은 내 짐까지 걸머쥐고 허우적대며 살아야 했다. 그런데도 나는 남편 탓만 했다. 머리를 맞대고 의논을 해야 할 때는 뒤로 빠져서 구경만 해놓고는 일이 잘 되지 않으면 그게 곧 남편의 탓인 양 비난하고 못 미더워했다. 내가 가볍게 살 수 있었던 것은 남편 덕분인데도 나는 그걸 미처 깨닫지 못했다.

남편의 큰 짐과 내 작은 가방을 나란히 놓고 본다. 남편에게 기대어 사는 내 모습을 보는 것 같다. 남편이 가벼워지려면 짐을 덜어낼 수밖에 없다. 가만히 빌어본다. 남편이 덜어내는 짐 속에 내가 들어 있지 않기를….

겨울나기

지금은 시절이 좋아 겨울이 와도 땔감 걱정을 할 일은 별로 없다. 몸을 놀려야 하는 수고로움이 없이도 따뜻하게 지낼 수 있는 세상이니 겨울이 온다고 해서 무어가 걱정이리오. 그러나 모두가 그런 것은 아니다. 이처럼 좋은 세상에도 여전히 겨울 한철 날 걱정에 잠 못 이루는 사람들도 있을 것이다.

공동주택이 많은 도시와 달리 시골은 단독주택이라 개별난방 시스템이다. 보일러용 등유로 방을 덥히는 집도 있고 심야전기를 이용하는 집들도 있다. 더러는 지열을 이용해서 난방을 하는 경우도 있지만 그중에는 연탄이나 화목 보일러로 난방을 해결하는 집들도 있다.

우리 집은 등유로 보일러를 돌렸지만 지금은 그보다 돈이 헐한 연탄을 주로 이용하고 있다. 아침저녁으로 불을 갈아주어야 하니 수고스럽기는 하다. 그래도 스물네 시간 내내 뜨뜻한 집에서 지낼 수 있으니 그 정도의 수고로움은 기꺼이 감수할 수 있다.

십여 년 전 강화도로 이사 왔을 그때 우리는 기름 겸용 화목보일러를 들였다. 난방용 보충재가 들어가 있지 않은 옛날 시골집은 벽 사이로 바람이 쑹쑹 들어왔다. 그런 집을 기름보일러로 덥히자면 돈 날아가는 소리가 들리는 듯했다. 보일러 모터 돌아가는 소리가 마치 돈 날아가는 소리처럼 들려 마음 놓고 보일러를 돌리지도 못했다. 그래서 화목보일러로 난방을 했지만 그 역시 만만한 게 아니었다. 땔감용 나무를 장만하는 게 큰 일이었기 때문이었다.

가을이 깊어 가면 조바심이 났다. 땔나무들을 들여놓아야 한다는 마음에 애면글면했다. 먹고 살기에 어려운 시절도 아닌데 왜 나는 그렇게 땔나무에 집착했던 것일까. 그것은 어릴 때 본 풍경 때문이었다.

가을걷이가 끝나면 초가지붕에 이엉부터 새로 이었다. 그 일은 몇 날 며칠 동안 계속되었다. 그렇게 이엉을 다 갈아 이고 나면 동네는 반짝반짝 빛이 났다. 다음으로 할 일은 땔감 장만이었다. 숫돌에 낫을 새파랗게 갈아서 지게다리에 꽂고 톱도 챙겼다. 새끼줄도 두어 바리 감은 다음 아버지는 산으로 올라가셨다. 빈 지게로 올라가셨지만 내려올 때는 태산 같은 나뭇짐을 한 짐 가득 지고 내려 오셨다. 솔가지를 추려서 올 때도 있었고 나무 등걸을 한 짐 가득 베어올 때도 있었다. 그렇게 지고 온 나뭇짐들을 집 뒤안에 차곡차곡 쌓았다. 솔가지들은 솔가지대로 장작은 또 장작대로 쌓아놓았다. 그것은 아버지의 부지런함과 성실함을 나타내는 바로미터이기도 했다.

우리 집 뒤안에는 집채만 한 나무둥치가 두 개나 있었다. 추녀 밑에는 어른 키 높이의 장작더미가 길게 자리 잡고 있었다. 겨우 내내 때고도 남을 양이었다. 톱으로 썰고 도끼로 패서 차곡차곡 쌓아둔 장작더미는 반듯하고 깔춤 맞아서 보는 것만으로도 흐뭇했다. 그 땔감더미들은 가정을 건사하는 아버지의 힘이었고 사랑이었다.

손이 느리고 마음도 게을러서 미처 땔감을 장만하지 못한 이웃집이 있었다. 그 집에서는 늘 마르지 않은 청솔가지로 밥을 했다. 불을 뗄 때마다 매운 연기가 났다. 눈물 콧물을 훔치면서 밥을 하는 그 집을 보면서 나는 늘 우쭐했다. 우리 아버지의 사랑과 성실함이 느껴졌기 때문이었다.

내게 장작더미는 장작 그 이상이었다. 그것은 땔나무용 장작이기도 했지만 그보다는 평온함과 안정을 뜻하는 것이기도 했다. 그러니 겨울만 되면 땔감 걱정부터 하는 게 너무나도 당연했다. 장작을 쌓아놓아야 비로소 마음이 놓였다. 그것은 내게 따뜻함이었고 안락함이기도 했다. 돈만 있으면 없는 게 없는 세상인데도 나는 늘 장작 들일 생각부터 했고, 바리바리 장작을 쌓아놓아야 조바심을 내려놓을 수 있었다.

그것은 비단 나만의 생각은 아닌 듯했다. 이웃에 사는 아는 분도 겨울만 되면 그렇게 장작 들일 생각부터 했다. 새로 지은 집은 온갖 첨단 기기들을 장착해서 손을 대지 않아도 난방이며 보온까지 잘 돌아가도록 되어 있다. 일부러 들인 구들방 하나를 위해 그렇게 장작을 들일 필요는 없는데도 그 집에서는 화물차 한 대 분량의 통나무들을 사들였다. 통나무를 전기톱으로 자르고 도끼로 일일이 다 패는 것도 일이라면 일인데도 그 일을 즐거이 하는 걸로 봐서 그 집 주인장도 나와 다름없는 사람인 듯했다. 장작더미를 통해서 가정의 안락함과 평온함을 느낄 수 있다면 그깟 도끼질쯤이야 뭐가 문제겠는가.

언젠가 아는 이들과 산길을 걸을 때였다. 소나무 밑에는 낙엽들이 폭신하게 깔려 있었다. “저거 긁어다가 땔감하면 좋겠다.” 누군가의 입에서 이 말이 나오자 “맞다 맞아.” 하는 소리가 이구동성으로 나왔다. 모든 것들이 넘쳐나는 지금 이 시대에도 우리의 가슴속 저 깊은 곳에서는 아직도 갈증이 있는 것일까. 그러나 이 근원적인 고픔이 아프게 느껴지지는 않는다.

사명감을 배운다

오래전에 좀 색다른 공부를 한 적이 있다. 외국 사람들에게 한국어를 가르치는 법을 배우는 공부였다. 그때 우리 집에 와계셨던 친정아버지는 공부하는 딸이 좋게 보이셨는지 "늘 공부하는 사람을 선비라고 한다."고 하시며 흐뭇해하셨다. 아버지 말씀을 듣고 보니 기분이 좋았다. 나는 선비였던 것이다.

그때 같이 공부했던 사람들 중에는 중앙아시아와 중국, 동남아 등지에서 한국어를 가르쳐본 경험이 있는 사람들도 있었다. 그들은 선교를 하러 갔거나 아니면 사업차 간 남편을 따라 외국으로 갔다가 한국어를 가르쳐 달라는 부탁을 받았다고 했다. 한국 사람인데 한국어 하나 못 가르치랴 싶어 응했지만, 얼마 안 가 그들은 외국인에게 한국어를 가르치는 것은 또 다른 방법이 필요하다는 걸 깨달았다고 한다.

그이들의 말을 듣자니 내 경험이 떠올랐다. 우리 집 근처에 중국에서 시집온 한족 새댁이 있었다. 한국으로 시집오기 전에 두어 달 동안 한국어를 배웠다고 하는데도 간단한 인사말 정도만 할 줄 알지 우리말을 못 알아들었다. 그래서 내가 한국어를 가르쳐주겠다고 자원하고 나섰다. 국문학을 전공했으니 그 정도는 쉬울 줄 알고 시작했던 것이다. 하지만 나 역시 얼마 안 가 내가 얼마나 무모한 일을 시작했는지 알 수 있었다. 외국인에게 한국어를 가르치는 것은 마음만큼 쉬운 게 아니었다. 내가 알고 있는 한국어 지식은 우리말을 못하는 외국인에겐 무용지물이었다. 그래서 나 역시 다른 사람들처럼 손짓과 표정으로 말을 주고받을 수밖에 없었다. 그래도 내 뜻만은 가상했는지 중국에서 온 새댁은 곧잘 공부를 따라했다.

중국 새댁을 가르치면서 나는 새로운 길을 찾아 나섰다. 외국인에게 한국어를 가르치는 법을 배우게 된 것이다. 단순히 중국 새댁을 잘 가르치기 위해 시작한 것은 아니었다. 그때 나는 또 다른 꿈을 꾸고 있었다.

『리버 타운』이라는 책을 만난 게 시작이었다. 그 책은 평화봉사단원으로 중국 '푸링'이라는 양쯔강 가의 작은 도시로 간 미국 청년이 그곳 대학에서 2년간 영문학을 가르치며 겪은 일들을 글로 풀어낸 이야기였다. 나는 그 책을 보고 나도 중국에 가서 한국어를 가르치고 싶다는 생각을 했다. 그래서 한국어교사 과정에 지원하게 되었던 것이다.

꿈이 있는 삶은 힘들지 않다. 나 역시 그랬다. 일주일에 두 번, 서울로 올라가는 길이 즐겁기만 했다. 공부를 마치고 돌아올 때면 저절로 신이 났고 강화까지 운전해서 돌아오는 길이 전혀 멀게 느껴지지 않았다.

드디어 일련의 과정들이 다 끝나고 유학을 온 외국 학생들 앞에서 시범수업을 하게 되었다. 한국어학당의 선생님들이 수업하는 것을 참관하는 것으로 우리의 시범수업은 시작되었다. 선생님들은 항상 밝은 얼굴로 학생들을 대했다. 또 나이 어린 학생들에게도 꼭꼭 존댓말로 대했다. 그것은 우리말과 문화를 정확하게 가르쳐주기 위함이었다.

간혹 외국인들이 반말 투로 말하는 것을 볼 수 있는데 이것은 그 사람의 잘못이라기보다는 주변에서 본을 보여준 사람들의 잘못이 더 크다. 어린애들은 어른을 따라서 하니 애들 앞에서는 찬물도 함부로 마시지 말라는 말이 있다. 그처럼 교사의 역할은 중요한 것이다. 학생들이 나이가 어리다고 함부로 낮추어 대하면 배우는 학생들은 그것이 제대로 된 한국어인 양 따라할 것이다. 그래서 한국어학당의 선생님들은 항상 존댓말로 학생들을 대하였다.

한 편의 연극처럼 잘 짜인 시나리오를 따라 수업이 진행되어 나갔다. 교실 문을 열고 들어오는 그 순간부터 수업이 끝날 때까지의 모든 말과 행동은 철저하게 수업과 연관된 것들이었다. 그렇게 학생들을 가르쳤기 때문인지 외국 유학생들의 한국어 실력이 출중했다.

참관수업을 한 후에 시범강의를 했다. 열심히 준비하고 연습까지 했건만 수업은 쉽지 않았다. 이론과 실전은 달랐고, 시행착오를 겪으면서 우리는 성장할 수 있었다. 시범강의를 마치고 나니 입술에 물집이 다 잡혀 있었다.

한국어교사 공부를 하고 집으로 돌아올 때면 늘 가슴이 벅차올랐다. 그때 나는 사명감을 배웠다. 외국인들에게 한국어를 잘 가르쳐주어야겠다는 생각에 가슴이 벅차올랐다. 생생한 기쁨에 내 얼굴은 빛이 났다.

그로부터 근 십 년 가까이 세월이 흘렀다. 그때 나는 외국으로 나갈 꿈도 꾸었는데, 지금 다시 기회가 온다면 과연 나는 집을 떠날 수 있을까. 그때와 달리 지금은 자신이 없다. 예전 그때는 가족 때문에 떠나지 못했는데 지금은 적지 않은 내 나이가 또 나를 가로막는다.

백세시대에 나는 아직 육십 살도 되지 않았다. 이제 막 백세의 중턱을 넘어섰는데 무엇을 주저하고 두려워할까. 애들은 모두 제 갈 길을 찾아갔으니 이제는 걸릴 것도 없다. 더구나 남편의 정년도 머지않았으니, 이제야말로 내가 배워두었던 그 실력을 맘껏 발휘해볼 때다.

그래서 나는 또 꿈을 꾼다. 그리고 그 꿈을 향해 날갯짓을 시작한다. 외국인 노동자들에게 한국어를 가르치는 일을 시작한 것이다. 일요일 하루를 다 바쳐야 하지만 꿈을 향한 일이니 아깝지가 않다. 나는 다시 깨어나고 있다. 십 년 전 그때처럼 사명감을 배우고 있다. 그러고 보니 내 꿈은 여전히 현재진행형이다.

복 이마

"당신, 이마 가렸네. 이마 드러내라니까 왜 가렸어?"

남편이 나를 보고 한마디 한다. 이마를 드러내야 일이 잘 풀린다면서 숫제 내 앞머리를 쓸어 넘길 태세다. 아내의 외모나 차림새에 시시콜콜 간섭하는 사람이 아닌데, 오늘은 어쩐 일로 이마를 드러내라고 하는 걸까. 대학 입시를 앞두고 있는 딸애를 생각하며 한 말이었으리라.

내 이마는 유난스레 볼록하게 튀어나왔다. 이런 내 이마를 보고 이마가 튀어나온 사람들은 머리가 좋다는데, 공부를 잘했겠다고 말하는 사람도 있다. 복이 들어 있는 이마라고 말하는 사람을 만날 때도 있다. 이마가 튀어 나왔다고 공부를 잘하며 또 복이 많을까만은 그래도 들을 때마다 기분이 좋다.

내가 어릴 때는 이마가 넓고 판판해야 잘생겼다고 했지, 나처럼 이마가 튀어나온 사람은 못생긴 축에 넣었다. 그때는 생긴 것을 두고 별명도 잘 지어 불렀다. 얼굴이 너부데데한 사람에게는 '넙떡이'라는 별명이 붙었고 못생긴 사람은 모두 싸잡아 '모개(모과)'였다. 모과라는 과일이 울퉁불퉁 제 멋대로 생겼다고 못생긴 사람을 모개라고 불렀던 것이다. 나는 '곰배'였다. 톡 튀어나온 이마가 흙덩이를 잘게 부수는 농기구인 곰배의 모양을 닮았다고 해서 그렇게 불렀던 것이다. 곰배 이마는 요즘 말로 '짱구'라고나 할까.

그때 나는 내 이마가 부끄러웠다. 유난히 튀어나온 내 이마가 부끄럽고 자신이 없어 사람들 앞에도 잘 나서지를 못했다. 심지어 눈길도 제대로 마주치지를 못했으니, 지금 생각하면 별것도 아닌데 그때는 왜 그렇게 자신이 없었을까.

그때도 여고생들은 나름대로 멋을 부렸다. 어떤 아이는 쌍꺼풀을 만들기 위해 가는 실핀으로 수시로 눈두덩에 쌍꺼풀을 그렸다. 교복의 깃을 하얗게 표백하기 위해 헹굼 물에 잉크를 한 방울 떨어뜨려서 헹구는 친구도 있었다. 그러면 푸른 기운이 살짝 들어가서 더 하얗고 청결하게 보였다. 나는 튀어나온 이마를 가리기 위해 앞머리를 살짝 내렸다. 앞머리를 내리는 것은 교칙에 위배되는 것이라 선생님 눈을 피해 몰래 이마를 가리곤 했다. 그러다가 적발이 되어서 꾸중을 들은 적도 있었지만 예뻐지고 싶은 열망 앞에서 그 정도 꾸지람은 아무렇지도 않았다.

우리 어머니는 늘 외모에 자신 없어 하는 내가 걱정이 되었나 보았다. 하루는 슬쩍 이런 이야기를 해주셨다.

친척 중에 복이 많다고 정평이 난 할머니가 한 분 계셨다. 그 할머니는 그야말로 '모개'에 '곰배'에 '넙떡이'였다. 이마도 튀어나왔을 뿐만 아니라 너부데데하고 못생긴 얼굴이었다. 그런데 그 할머니의 얼굴은 늘 웃는 상이었고 그 옆에만 가도 편안하고 넉넉한 마음이 들었다. 슬하에 자녀들도 다 잘 되어서, 그 당시에 장관급 벼슬을 하는 아들도 있었으니 할머니가 복이 많은 사람이라고 소문이 날 만도 했다.

"관곡 할매 복이 어데서 나온 줄 아나? 다 이마에서 나온 기다. 할매 이마 봐라. 니 이마하고 똑같다."

우리 어머니는 그 할머니의 복이 이마에서 나온 거라고 하며 할머니 이마를 닮은 내 이마가 복 이마라고 했다.

"네 이마는 복 이마다. 복이 들어 있는 이마니까 드러내고 살아라."

이마가 튀어나왔다고 복이 들어 있는 이마라니, 잘 이해가 가지 않았지만 그래도 엄마의 말씀은 나름대로 효과가 있었다. 그 뒤로 나는 내 이마에 대해서 전보다는 덜 신경을 쓰게 되었고, 그러다가 어느 결에 이마를 의식하지 않게 되었다.

어머니는 내게 자신감을 심어주기 위해서 일부러 그렇게 말을 했을 것이다. 이마가 튀어나왔다고 복 이마일 리가 있겠는가. 그래도 어머니의 '네 이마는 복 이마'라고 하신 그 말씀은 늘 내게 힘을 주고 위안을 주었다.

자신감이 없는 딸을 위해 어머니가 지어냈을지도 모르는 그 말을 듣고 나는 열등감에서 벗어날 수 있었다. 이마를 의식하고 또 부끄러워했을 때는 남 앞에 서는 게 자신이 없었다. 모두 내 이마를 쳐다볼 것 같았기 때문이었다. 하지만 내 이마가 복 이마라고 믿게 되면서부터 나는 당당하게 자신을 표현할 수 있게 되었다.

이마를 드러낸다고 복이 올까. 그보다는 자신감 있게 살면 일이 잘 풀릴 것이고 복도 따라 올 것 같다. 열등의식에 쌓여 있다면 늘 의기소침하고 매사에 소극적일 것이다. 그러면 일이 잘될 턱이 있겠는가. 당당하게 자신을 드러내고 사는 사람은 어디 걸리는 게 없을 것이니 일도 잘 풀릴 수밖에 더 있겠는가. 복은 그렇게 적극적인 곳에 들어오지 의기소침한 사람은 오는 복도 잡을 기회를 놓칠 것이다.

예전에는 납작하고 판판한 이마를 좋게 생각했는데 지금은 약간 튀어나온 이마를 사람들은 더 선호한다고 한다. 그래서 성형수술을 하는 사람까지 있다고 하니, 내 이마는 복 이마가 분명하다. 시대를 앞섰으니 어찌 복 이마가 아니겠는가.

거울 앞에 서서 내 이마를 살펴본다. 여전히 튀어나온 곰배 이마다. 어릴 때는 부끄러웠던 이마인데 이제는 아무렇지도 않다. 이마 따위야 튀어나오면 어떻고 판판하면 또 어떻겠는가. 그보다는 얼굴상이 웃는 상인지를 살피게 된다. 내가 어떻게 사람을 대하며 살았는지를 오십이 넘은 지금의 내 얼굴이 말해줄 것이다. 편안하고 넉넉한 인상을 주는 얼굴이었으면 하는 마음으로 가만히 미소를 지어본다.

봄이 오는 샘터

날이 추워서 그런 걸까, 종일 허리가 불편했다. 앉아도 편하지 않았고, 서 있어도 마찬가지였다. 누워 있으면 좀 괜찮아지지만 그렇다고 마냥 누워 있을 수만은 없다. 방 안을 서성대다가 밖으로 나섰다. 허리가 아플 때는 걷는 게 좋다는 말을 들었기 때문이었다.

지난해 봄부터 허리가 신호를 보내긴 했다. 하지만 그러다가 말겠거니 여기며 병원에 가지 않았다. 전에도 허리가 안 좋았던 적이 더러 있었지만, 며칠 지나다보면 괜찮아지곤 했기 때문에 이번에도 역시 시간이 지나면 괜찮아지려니 생각했던 것이었다.

나는 병원에 가는 게 싫었다. 병원에 가면 하염없이 차례를 기다리는 게 일이다. 대기실에서 기다리는 그 순간부터 사람들은 의기소침해지고 마치 죄라도 지은 사람인 것처럼 기가 꺾인다. 그렇게 하염없이 차례를 기다리다가 겨우 내 이름이 불려져 의사 앞에 앉게 되면, 나는 처분만 기다리는 무기력한 존재가 된다.

그보다 더 병원에 가기를 꺼렸던 것은 병원 안의 분위기 때문이었다. 버스터미널 근처에 있는 그 병원은 늘 환자들로 붐볐다. 읍내 장날이라도 되는 날에는 이른 아침부터 사람들로 북새통을 이루곤 했다. 시골이라서 그런지 젊은 사람보다는 노인들을 더 많이 볼 수 있었는데 보행이 불편해 보이는 그분들을 보면 마치 나도 늙은 사람이 된 것처럼 여겨져 병원에 가는 게 영 마뜩잖았다.

그렇게 이런저런 핑계를 대면서 차일피일 미루는 동안 내 몸은 점점 더 안 좋아졌고 급기야 아침에 일어나면 아파서 울고 싶을 정도까지 되고 말았다. 그제야 사태가 심상치 않음을 알아채고 척추 전문병원으로 달려가 정밀진단을 받았다. 의사는 허리 디스크라며 내게 수술을 권하지 뭔가.

다른 곳도 아니고 허리인데 가볍게 생각할 수는 없었다. 더구나 허리는 수술을 하면 안 된다는 말을 많이 들었던 터라 쉽게 결정할 수 없었다. 그래서 다른 방법이 없나 물어보니 비수술요법이 있다고 했다. 척추에 가느다란 관을 삽입하고 약물을 넣어 통증을 완화하는 시술이라고 했다. 이것저것 따져볼 겨를이 없었다. 그 정도로 통증이 심했기 때문에 고통을 줄일 수 있다는 말만 들어도 살 것 같았다. 그래서 시술을 받았던 게 벌써 1개월하고도 보름 전의 일이다.

시술을 받자마자 아팠던 허리가 감쪽같이 좋아졌다. 마치 새로운 세상을 만난 듯했다. 우거지상으로 늘 찡그리고 있던 내가 방실방실 웃자 남편도 덩달아서 기뻐했다. 아플 때는 마치 나 혼자만 고통을 겪는 것 같아서 외로웠는데, 나는 나 혼자의 몸이 아니라는 생각이 들었다.

통증이 사라졌으니 아팠던 허리가 다 나은 것 같지만 사실 그런 것은 아니다. 통증을 완화시켰을 뿐 허리는 여전히 좋지 않다. 어찌 보면 휴화산이나 마찬가지인데, 언제 또 나빠질지 알 수 없어 속으로는 늘 불안한 게 사실이다. 꾸준히 허리 강화 운동을 하고 또 생활 속의 나쁜 습관과 자세를 고쳐야 한다. 다시 또 통증에 얽매여서 허우적대기가 싫어서 여기저기 기웃대며 몸에 좋다는 것을 하고 있다.

병원에서 받아온 약을 먹던 동안은 별 불편 없이 잘 지낼 수 있었다. 하지만 약이 다 떨어지니 다시 허리가 아팠다. 전보다는 괜찮지만 그렇다고 무시할 정도로 약한 것은 아니었다. 이제 나는 허리 통증에 끌려 다니며 살 수밖에 없는 신세가 돼버렸다. 그것은 내 의식 속에 똬리를 틀고 나를 지배했다.

허리가 아프다고 주변에 말을 했더니 온갖 좋다는 것들을 추천해줬다. 그러나 대부분 본인이 겪은 게 아니라 들은 것을 옮기는 것이어서 그런지 별로 와 닿지는 않았다. 각자 처한 상황이 다르니 처방 또한 다를 수밖에. 내게 맞는 것은 내가 더 잘 알지도 모르고, 그러니 이제부터는 내 힘으로 고쳐나가야 한다. 그래서 나는 매일 길을 걷는다.

일을 마치고 밖으로 나오니 안 그래도 짧은 겨울 해가 벌써 저만큼 가 있었다. 오후는 오전과 달리 온기가 점점 사라진다. 산그늘이 지기도 전에 햇살이 먼저 알고 꽁무니를 빼는 모양인지 오후 서너 시만 돼도 오전과는 달리 추워진다. 며칠 봄날처럼 날이 풀리는가 싶더니 다시 동장군이 찾아왔다. 온통 다 얼어붙어 있는데, 이 추위에 걸을 엄두가 나지 않았다. 하지만 걸어야 한다. 그래서 어디를 걸을까 궁리를 하다가 오후의 햇살을 받아 따뜻하고 밝아 보이는 동네가 있기에 차를 세우고 걸을 준비를 했다.

동네 길을 걸으면 참 재미있다. 별것 아닌 것들도 다 별것이 되는 게 동네 길 걷기의 맛이다. 눈길을 끄는 집이 있으면 대문 안을 기웃거려 보기도 한다. 때마침 주인장이 마당에라도 있어 인사를 청하면 집 안으로 들어오라고 반겨주는 경우도 있다. 마당을 잘 꾸며놓은 집도 있고 장독대가 멋진 집도 있었다. 돌담이 아름다워서 기웃댄 집도 있었다. 시골의 오래된 집들은 사라져가는 아름다움이라서 그런지 다 애틋하게 여겨졌다. 그렇게 동네 길 걷기는 때로는 사람들의 인정 속으로 들어가는 길이 되기도 했다.

날이 추워서 그런 걸까, 길에는 나다니는 사람이 없었다. 대신 개들이 나를 보자 경계하며 컹컹 짖어댔다. 끈에 매여 있지 않은 개들은 제법 눈에 힘을 주며 내 뒤를 따라왔다. 속으로는 조금 무서웠지만, 내색하지 않고 그냥 걸었다. 그러면 개들도 머쓱한지 곧 돌아가 버렸다.

야트막한 언덕 위에 하얀색의 교회가 있는 마을이 나타났다. 교회 밑으로 마을이 펼쳐져 있었다. 마치 교회가 동네를 지키고 있는 것처럼 보였다.

마을 앞은 더 넓은 들판이다. 큰 들을 앞에 끼고 있으니 이 동네는 의식이 풍족할 것이다. 그래서 그런지 동네 이름도 길촌吉村 마을이다. 복 되고

운이 좋을 길吉 자를 썼으니 어찌 복되지 않겠는가. 그래서 그런지 집집마다 차를 세워두는 주차장이 있었고 농기계들을 세워두는 창고도 우뚝하니 컸다. 모내기를 하는 이앙기도 있을 테고 벼를 베고 또 탈곡을 하는 콤바인도 서 있을 것이다. 겨울이라 농기계도 사람도 다 쉬고 있지만 봄이 되면 다시 왕성히 움직일 테지. 하지만 겨울 한가운데의 동네는 조용하기만 했다.

길 아래로 파란색 지붕이 보였다. 둥근 쇠기둥을 사방에 박고 그 위에 슬레이트 지붕을 얹은 그곳에서는 김이 술술 피어오르고 있었다. 영하 10도를 오르내리는 이 추위에 김이 피어오르다니….

샘이 하나 있었다. 장정壯丁이 양 팔을 활짝 벌리고도 남을 듯이 넓은 그 샘에서는 끊임없이 물이 솟는지 아래에 있는 빨래터로 물이 흘러내렸다. 빨래터에서도 김이 피어올랐다. 손을 넣어보았더니 물이 미지근했다. 추울수록 물이 미지근하니 겨울철에 빨래를 할 때면 얼마나 고마운 샘이었을까. 빨래를 하던 옛날 모습이 그려지는 듯했다.

오후의 햇살이 샘의 밑바닥까지 환하게 비추고 있었다. 연두색 물풀이 자라고 있는 그곳은 마치 커다란 어항 같았다. 요리조리 헤엄을 치며 놀던 송사리들은 낯선 발자국 소리에 놀랐는지 잽싸게 몸을 돌려 가운데로 뭉쳤다. 그러고는 한참 동안 가만히 있었다. 그 모습이 마치 두 눈을 동그랗게 뜨고 무슨 일이 일어났는지 동정을 살피는 듯이 귀여워서 몰래 다시 걸어와 보면 어김없이 또 잽싸게 몸을 돌렸다. 오래 들여다봐도 지루하지 않았다. 송사리와 연두색 물풀 그리고 오후의 햇살이 서로 서로 사이좋게 놀고 있었다.

그곳에서는 끊임없이 물이 흘러 넘쳤다. 밑바닥에서 솟아오른 물이 오래된 물을 밀어내는지 샘물은 그렇게 깨끗하고 맑았다. 마치 지금도 사람들이 물을 쓰고 있는 것처럼 맑고 깨끗해 보였다. 오래된 것이 새 것에게 자리를 내줬기 때문에 샘은 그 생명을 보존할 수가 있었나 보다.

마음속으로 내 허리에게 말을 걸어보았다. 저 샘솟는 물처럼 내 허리도 날마다 새로워졌으면 좋겠다고 생각했다. 한참을 샘터에서 서성댔다.

며칠 지난 뒤 그 샘터에 또 가봤다. 햇살이 한 줌 내려앉은 그곳에는 물풀들과 송사리들이 여전히 희롱을 하며 놀고 있었다. 샘물은 변함없이 졸졸 흘러넘쳤다. 가물가물 봄기운이 느껴지는 듯했다.

형제의 길

황산도 어판장은 물 위에 떠 있다. 커다란 돛배 모양에 눈길을 빼앗긴 사람들은 가까이 와보고서야 그게 횟집들이 모여 있는 어판장이란 걸 깨닫는다. 칸칸이 나뉘어져 있는 점포들마다 이마에 가게 이름을 달고 있다. 배 이름을 딴 듯 가게 이름의 끝 글자가 '호'로 끝난다. 남편이 배를 타고 바다에 나가 잡아온 고기를 아내가 회를 떠서 파는 게 바로 황산도 횟집이 존재하는 방식이다. 그러고 보니 그곳 횟집들은 모두 저마다 배 한 척인 셈이다.

이른 시간이라 그런 걸까 횟집촌이 한산하다. 이제 막 열 시를 지난 시간이니 그럴 만도 하다. 돛단배 모양을 한 횟집들은 항해 준비로 부산스레 움직인다. 손님이라는 바다를 향해 나서는 그들에게 오늘은 순풍만이 붙어서 하루 장사가 잘 되기를 빌어본다.

오늘은 특별한 길을 걷는다. 한동안 소원하게 지냈던 시동생 내외와 함께 걷는 길이기 때문이다. 한 줄기 비라도 뿌리려는지 하늘은 편한 상이 아니었지만 동생과 나란히 걸어가는 남편의 뒷모습은 평온해 보였다.

얼마 전에 시동생이 전화를 했다. 평소 형님인 남편과는 자주 통화를 하지만 형수인 나와는 자주 전화를 나누는 사이가 아니었는지라 무슨 일일까 하고 잠시 생각했다. 더구나 한창 업무를 보고 있을 시간대에 한 전화인지라 더더욱 궁금했다. 이름만 대면 다 알 만한 회사에 다니는 시동생은 밤낮이 따로 없게 열심히 산다. 그런 사람이 업무 시간에 전화를 걸었으니 의아할 만도 했다. 그러나 나는 "형수님" 하고 부르는 첫 마디만 듣고도 알 수 있었다. 시동생의 전화에는 정情이 담겨 있었다.

시동생은 우리나라 대학생들이 최고로 입사하고 싶어 하는 회사에 다닌다. 평사원으로 들어가서 대리, 과장, 부장을 거쳐 지금은 임원의 자리에 있으니 어쩌면 입지전적인 인물이다. 명문대를 졸업하고 외국 유학까지 다녀온 사람들이 수두룩할 그 회사에서 지방대 출신인 시동생은 얼마나 고군분투했을까. 그 자리에 이르기까지 내 모든 것을 다 바쳤을지도 모른다. 그런 시동생을 남편은 흐뭇해하면서도 한편으로는 안타까운 마음으로 바라봤다.

이른 아침에 나가서 한밤중에 퇴근하는 것이 다반사라고 했다. 그러니 다른 것에 눈 돌릴 시간이 있겠는가. 살아남기 위해서 최선을 다했을 것이다. 그 결과 지방대 출신으로 임원의 자리에까지 올랐다. 바쁜 시간에도 부모와 형제를 위한 일에도 마음을 내야 했으니 하루 스물네 시간을 서른두 시간인 양 썼을지도 모른다.

해안을 따라 길게 나 있는 데크에 들어섰다. 둥근 기둥을 실하게 박고 그 위에 나무판자를 깔아서 바다 위에 길을 만들어놓았다. 물이 밀려들어올 때는 데크 밑에까지 물이 들어차지만 지금은 물이 다 빠져나간 간조 때라서 방부 처리를 한 기둥들이 그대로 다 드러나 있다. 기둥의 뿌리 부분은 녹이 슨 청동그릇처럼 푸르스름했다.

두 형제가 앞서고 동서와 내가 뒤를 따랐다. 우리가 이렇게 가까이 하면서 시간을 보낸 적이 있었던가. 서로 멀리 떨어져 살다 보니 자주 만날 수도 없었다. 명절이나 시댁 일로 모여도 잔잔하게 속이야기를 나눌 틈이 없었다. 그래서 형제간이라고 해도 속으로 짐작만 할 뿐 각별하게 서로를 챙겨주지 못했다.

그러나 오늘 이 길은 다르다. 이 길 위에는 지금 우리밖에 없다. 앞선 두 사람도 또 뒤따르는 우리 동서간도 오롯이 서로에게 집중을 한다. 바닷바람이 사정없이 불었지만 형제의 정담은 계속 오갔다.

남편은 시동생의 처사를 못마땅해 했다. 몇 년 전 어머니가 중한 병으로 수술을 받았는데도 시동생에게서는 안부 전화가 없었다. 그때 시동생은 외국의 지사에 나가 근무하고 있었던지라 한국에 들어오기가 쉽지는 않았으리라. 그래도 전화로 어머니의 안부를 묻고 또 병구완을 하는 형수에게 치사를 하는 게 당연한 일일 텐데 시동생은 그렇게 하지 않았다. 남편은 동생의 그 무정함에 내내 속으로 서운해 했다.

남자 형제간에 그런 기운이 감돌면 안에서 감싸면서 다독여줘야 하는데도 맏며느리인 나는 그렇게 할 줄을 몰랐다. 동서와 내가 마음을 모으면 형제간에 생긴 서운한 마음은 금방 풀릴 텐데도 나는 그냥 지켜보기만 했다. 나 역시 서운한 마음이 없지 않았기 때문이었다. 그래서 우리는 한동안 서로 데면데면하게 지냈다.

그러나 형제의 정은 얕은 듯하면서도 깊었다. 동생에게 서운해 하는 남편의 그 마음은 다시 말하면 사랑의 다른 표현이었다. 남편은 늘 동생을 걱정했다. 앞을 보고 거침없이 나아가는 그 성격 때문에 적을 만들까봐 걱정을 했고 일만 하는 동생의 건강도 염려했다. 취미생활을 적절히 하면서 긴장을 풀며 사는지도 궁금해 했다. 시동생 역시 마찬가지였으리라. 자식 둘을 대학 공부 시키느라 변변한 옷 한 벌 없이 사는 형님이 안 됐을 것이고 늘 양보만 하는 형님의 성격을 아는지라 경쟁에서 남에게 밀릴까봐 염려도 되었으리라. 문득 생각해보니 형님이 눈에 어른거렸을 테고, 그래서 시동생은 형님을 보러 온 것이다.

앞서 걸어가는 두 형제는 내내 이야기를 나눈다. 널찍한 어깨며 걷는 걸음걸이까지도 두 사람은 닮았다. 남편의 어깨가 시동생 쪽으로 슬몃 기울어 있다. 시동생의 어깨 역시 그러하다. 갯바람이 그 사이를 말없이 지나갔다.

운명아, 비켜라

어릴 때 우리 동네에는 '자야'라는 이름을 가진 애가 있었다. 성이 이씨이니 그 애 이름은 '이자야'인 셈이다. 철 모를 때는 자야라는 이름이 아무렇지도 않았겠지만, 머리가 좀 굵어지니까 그 애는 자기 이름이 창피했다. 그래서 이름을 왜 이렇게 지었느냐고 엄마에게 원망을 했다. 그럴 때마다 자야 엄마는 "그놈의 술이 웬수지" 하면서 딸의 화살을 피해갔다.

자야는 아들만 내리 넷을 낳은 뒤에 얻은 귀한 고명딸이었다. 그러니 그 애 부모님이 얼마나 자야를 예뻐했겠는가. 특히 자야네 아버지는 "우리 자야, 우리 자야" 하면서 입에 딸 이름을 달고 살았다. 그분은 약주를 좋아했는데, 술이라도 한 잔한 날이면 '자야'를 부르면서 동네 어귀에 들어서곤 했다.

예전에는 출생신고를 제때에 하는 법이 드물었다. 당시에는 지금처럼 교통이 좋은 시절이 아니었으니 십 리 근방씩이나 떨어져 있는 면사무소에 한번 가는 것도 큰일이었으리라. 그러니 출생신고가 늦어지는 건 당연한 일이었다. 자야 아버지도 딸을 본 지 여러 달이 지나서야 출생신고를 하러 면사무소로 갔다. 그런데 술을 좋아하는 이 양반이 그냥 갔을 리가 있겠는가. 오랜만에 기분 좋게 한 잔을 한 자야 아버지는 애 이름을 묻는 면서기에게 이리 말했단다. "자야구메.(자야입니다)" 면서기가 다시 한 번 물어봤지만, 역시 자야 아버지의 입에서 나온 말은 자야라는 말뿐이었다.

면서기가 융통성이 있는 사람이었다면 자야가 원 이름이 아니라 뒷글자라는 걸 알아채고 자야 앞에 글자가 무엇인지 물어보았으리라. 그러면 자야 아버지도 그제야 자신의 실수를 알아채고 '민자'라는 본이름을 다 말해줬을 텐데 면서기도 자야 아버지도 그만 그걸 빼먹고 말았으니, 우리 동네 민자는 자야가 되고 말았다.

자야가 자기 이름을 마땅찮아 했던 것처럼 나도 내 이름이 마음에 들지 않았다. 항렬자를 가운데에 넣고 끝 글자만 '숙'이라고 지었으니 나는 내 이름이 예쁘다는 생각이 들지 않았다. 그것은 우리 언니도 마찬가지였던 모양이다. 언니는 '승자'라는 자기 이름을 '승혜'라고 고쳐놓고 친구들에게 그렇게 불러달라고 했다. 언니가 지은 이름은 예쁘기는 했지만 왠지 언니 같지가 않았다.

소녀 시절에 우리가 즐겨보던 책의 주인공들은 예쁘고 고상해 보이는 이름들을 갖고 있었다. 그 소녀들은 예쁜 옷을 입고 좋은 집에서 멋진 생활을 했다. 어쩌면 나는 그런 생활을 부러워했던 것인지도 모른다. 고상해 보이는 이름으로 바꾸면 나도 그 책 속의 주인공들처럼 멋지게 살 것 같아서 이름을 바꾸고 싶다고 생각했던 것 같다.

경상도 대구 어름의 사람들은 '으'와 '어'를 구별해서 발음하지 못한다. 나도 그쪽 사람인지라 내 이름을 가르쳐줘야 할 자리가 있으면 속으로 걱정부터 든다. '승' 자를 제대로 낼 수 있을지 의문이 들기 때문이다. 아니나 다를까 다들 '성'으로 듣는다. 그래서 할 수 없이 그 '성 자가 아니라 승리할 때 승' 자라고 다시 한 번 일러줘야 비로소 "아, 성이 아니라 승이네요." 하면서 바로잡아 불러주곤 했다. 이런 과정들이 나는 싫었다. 내 이름도 제대로 발음하지 못하는 것 같아 그럴 때마다 주눅이 들었다.

'아무개야' 하고 부를 때는 내 이름도 꽤 정답고 괜찮은 것 같다. 그러나 '아무개 씨'라고 높여 부를라치면 부르기가 여간 거북한 게 아니다. '숙'이라는 글자는 마치 뱉듯이 터져 나오는 말이라 뒤에 '씨'를 붙일 경우에는 한 자 한 자 끊듯이 말해야 한다. 그게 늘 불만이었던 나는 좀 근사한 이름은 없을까 하는 생각을 하곤 했다.

강화나들길 5코스는 '고비고개 길'이라는 이름이 붙어 있다. 내가면 사람들이 강화읍으로 일을 보러 갈 때 넘던 고개였다. 고비고개를 넘어 내가면으로 들어서면 분지처럼 낮고 평평한 곳에 집들이 여기저기 흩어져 있다. 그곳 어디에 성명학을 공부하는 분이 살고 있는데, 내게 이름을 바꾸는 게 어떻겠느냐고 권한 적이 있었다. 그분은 내 이름과 사주에 쇠 금金 자가 많아 건강에 좋지 않다면서 불 화火 자를 넣어서 부족한 부분을 상쇄하라고 권했다.

다른 것도 아니고 건강에 좋지 않다니 개명을 해야 하나 싶기도 했다. 하지만 반백년 이상 불러온 내 이름을 바꿀 수는 없었다. 설혹 새로 바꾼다고 해도 많이 불릴 자리도 없다. 이름은 불러줘야 비로소 제 가치를 나타내는 것인데 불러줄 일이 없는 이름은 바꾸나 마나가 아닐까. 그리고 이름을 바꾼 나는 내가 아닐 것 같다는 생각도 들었다.

이름만 바꾼다고 운명이 달라지겠는가. 그보다는 생각을 바꾸는 게 더 중요하지 않을까. 자신을 긍정적으로 바라본다면 운명은 좋은 방향으로 바뀔 것 같다. 그렇지 않고 남의 기준에 나를 맞추는 수동적인 태도로 살면 늘 열등감에 시달리게 되고 자존감 역시 부족하리라. 자신을 응원하지 않고 탓만 한다면 삶의 방향이 어찌 좋은 쪽으로 나아갈 수 있겠는가.

아버지가 지어주신 내 이름을 가만히 불러본다. 맑고 고운 사람이 되라는 의미로 맑을 '숙' 자를 이름 끝에 붙여주셨으니, 내 이름도 꽤 괜찮은 것 같다. 가슴속에 정겨움이 돋아난다. 돌아가신 아버지와 어머니가 떠오르고 고향집으로 들어서는 골목길도 생각이 난다. 단발머리를 나풀대며 뛰놀던 동무들의 얼굴도 떠오른다.

고비고개를 넘어가야겠다. 성명 풀이 앞에 굴복하지 않고 당당하게 서 볼 터이다. 내 이름으로 만들어가는 길이 좁은 길일지라도 묵묵히 내 길을 걸어가련다. 그러니 운명아, 그런 나를 지켜봐다오. 나는 내 이름으로 살아갈 테니 나를 응원해다오.

돈 계산이 먼저

맥주를 한 잔씩 앞에 놓고 우리 가족은 갑자기 숙연해졌다. 좀 전까지 손가락에 묻은 양념까지 핥으면서 닭볶음탕을 먹던 화기애애함은 어디로 다 사라졌는지, 모두 우리 집의 막내인 아들의 입만 쳐다본다. 예년과 다름없는 연말연시이건만 올해는 왜 이리 엄숙해졌을까.

“아들, 내년 계획을 한번 들어보자."

남편의 그 말에 좀 전까지 재미있는 이야기로 분위기를 달구던 아들이 반듯하게 앉으며 정색을 한다. 우리도 덩달아서 바르게 앉으며 시선을 집중했다.

우리 나이로 25세, 만으로 아직 채 24세도 안 된 아들이 다니던 학교를 한 해 쉬고 본격적인 취직 시험공부에 들어가겠다고 한다. 벌써 이것저것 알아보고 온 눈치다. 자기 계획을 이야기하며 부모님을 안심시키려고 한다. 미래에 대한 불안과 걱정은 우리보다 아들이 더할 텐데도 앞으로의 계획을 이야기하는 모습을 보니 걱정보다는 희망이 보이는 듯했다. 취업을 하기 위한 공부이니 어찌 놀이 삼아 할 수 있겠는가. 그래서 컴퓨터와 스마트폰도 없애겠다고 한다.

일 년 동안 학원을 다니며 공부를 하겠다는 아들의 말을 들으니 흐뭇하면서도 한편으로는 계산을 하게 된다. 그러면 학원비는 얼마나 들어갈 것이며 또 그 외의 비용들까지 합하면 한 달에 부쳐줘야 할 돈이 얼마나 될까. 적은 돈은 아닐 것이다. 그래서 나도 모르게 돈 이야기를 하고 말았다. 그러다가 아차 싶었다. 그깟 돈이 대수겠으며 돈을 들이지 않고 되는 일이 어디 있더란 말이냐. 그보다는 아들이 힘들지는 않을까, 또 내가 해줄 수 있는 게 뭐가 있을까 생각해보지 않고 돈부터 계산하다니, 참으로 속 좁은 엄마라는 생각에 부끄러워 마저 하려던 말을 얼른 안으로 삼켜버렸다. 이런 내 마음을 읽었는지 “어머니, 돈이 많이 들 텐데 힘들지 않으시겠어요?” 하며 아들이 우리를 염려한다. 그래서 우리 부부는 “돈 안 들이고 되는 게 있겠니? 그보다는 건강도 챙겨가면서 공부하도록 해라” 하며 기운을 북돋워주었다.

아들은 밝고 유쾌해서 같이 있는 사람을 기분 좋게 해주는 능력이 있다. 요리에 대해서도 탁월한 감각이 있어서, 라면 하나를 끓여도 그 애의 손만 가면 맛이 달라진다며 누나인 딸은 늘 칭찬을 했다. 상대의 마음을 읽고 배려하는 넉넉함도 아들에게는 있다. 그래서 함께 있으면 나는 늘 귀부인이 돼서 대접받는 호사를 누린다.

그런 아들이지만 미덥잖게 여겨질 때도 있다. 우리 보기에 아들은 뭐든 대충 하는 것 같다. 앞날에 대한 생각은 없이 오직 현재의 안락함만 추구하는 것 같아서 남편과 나는 늘 아들에 대해서 미심쩍어 하고 걱정한다. 그래서 그 애가 하는 일에 대해서 흔쾌히 믿어주지 못하고 의심하곤 했다.

내 눈에는 아들이 늘 어리게만 보였다. 그래서 아들의 의견을 듣기보다는 내 생각을 주입하려고 했다. 또 아들이 하는 일들도 마음에 들지 않았고 못미더웠다. 그래서 우리 둘은 만나기만 하면 부딪혔다. 좋게 시작했다가도 끝에 가면 얼굴을 붉히는 게 예사였으니, 그것은 내가 아들에게 욕심을 부리기 때문이었다.

나는 아들을 내 기준에 맞추려고 했다. 아들이 선택하고 결정한 것들을 미숙하다고 생각하며 중요하게 여기지 않았다. 아들의 의견은 무시하고 나를 따를 것을 강요했으니 어찌 다툼이 없었겠는가. 아들이 군대에 갈 때까지 우리 모자의 대화는 늘 다툼으로 끝나곤 했다.

나는 아들의 교우관계도 별로 신통찮게 여겼다. 아들은 친구들과의 관계를 중시하는데, 나는 고만고만한 또래들 속에서 배울 게 뭐가 있겠느냐며 그 애가 만나는 친구들 역시 무시했다. "네가 잘되면 친구는 저절로 따라오니까 지금은 그저 공부만 하라."며 강요했다. 그런 내게 남편은 '자식에게서 독립하는 게 자식을 독립시키는' 것이라며 나의 욕심을 말하고는 했지만, 그때는 내 욕심이 꽉 차 있을 때여서 그랬는지 남편의 말이 귀에 들어오지 않았다.

그런데 어느 날 '즉문즉설'이라는 글을 보고 내 생각이 잘못됐음을 알게 됐다. '즉문즉설'은 살면서 궁금한 점들에 대해 스님에게 물으면 질문자 스스로 해답을 찾아갈 수 있도록 길을 가르쳐주는 대중 설법을 말한다. 아들에게 자꾸 잔소리를 하게 된다는 어느 어머니의 질문에 스님은 자식을 자기 욕심대로 맞추려다 보니 잔소리를 하게 된다고 하면서 크게 키우고 싶으면 먼저 내 욕심부터 버려야 한다고 조언해주었다. 그 말은 바로 내게 해주는 말이기도 했다. 나 역시 아들에게 잔소리를 하고 또 내 마음대로 하려고 했다. 그런데 가만 생각해보니 그것은 내 욕심이었다. 아들은 나름대로 잘 사는데 내 기준에 맞추려고 하다 보니 그 애가 하는 일들이 내 마음에 들지 않았던 거였다.

제대를 한 아들은 성숙해져 있었다. 그 전에는 엄마의 말을 잔소리로 여기며 듣기 싫어했는데 이제는 어지간한 말에도 화를 내거나 반박하며 바로 반응하지 않는다. 오히려 내 말을 끝까지 들어주며 엄마의 마음을 읽는다. 그런 그 애의 변화를 보면서 흐뭇했다. 아들이 어른이 된 것 같아 뿌듯하고 든든했다.

아들이 내 말을 듣는다고 해서 전적으로 자신의 생각을 포기하는 것은 아니었다. 오히려 내가 하는 말을 듣고 판단해서 합리적인 해결점을 찾아갔다. 그리고 합당한 이유를 들면서 설득하는 지혜를 아들은 알고 있었다. 지금은 아들을 의심하지 않고 믿는다. 그래서 우리 모자는 서로 다툴 일이 없어졌다.

아들이 자기 목표를 설정하고 추진해나가는데 엄마인 나도 가만있을 수는 없지 않겠는가. 나는 아무것도 하지 않으면서 아들에게만 공부하라고 하는 건 어쩐지 무책임한 일인 것처럼 느껴져서 나도 함께 공부를 해야겠다는 생각이 들었다. 내가 열심히 살면 그게 바로 아들에겐 또 하나의 자극이 되고 채찍이 될 것이다. 그래서 나도 목표를 하나 정했다. 전부터 생각하던 게 있었는데 본격적으로 그것을 향해 나아가야겠다는 생각을 했다.

나는 내 책을 내고 싶었다. 하지만 마음속으로 꿈만 꿀 뿐 구체적으로 실행에 옮기지는 않았다. 그러나 이번 참에 아들과 무언의 약속을 하리라. 그래서 아들이 경제적으로 독립을 할 때면 나 역시 꿈을 이룰 수 있도록 해야겠다는 생각을 했다.

아들이 제 힘으로 당당히 살아가길 빌어본다. 아울러 나도 내 책이라는 옥동자를 낳는 쾌거를 이룰 수 있기를 바라면서 새해를 마니산의 참성단에서 맞이했다. 밝고 힘차게 떠오르는 해가 마치 우리 모자의 앞날을 비춰주는 것처럼 여겨져서 가슴 가득 해를 품었다.

우리 집 망할 것 같아요

읍내에 일을 보러 갔다가 집으로 돌아오는데 정류장에서 버스를 기다리고 있는 경섭이가 보였다. 날도 추운데 언제 올지도 모르는 버스를 마냥 기다리고 있는 게 안 돼 보여 내 차에 타라고 했더니 얼른 탄다. 중학생인데도 체구가 작고 말라서 초등학생같이 보이는 그 아이는 내가 운영하는 공부방에서 방과 후 공부를 하고 있다.

경섭이는 아래 학년의 동생들에게 제대로 형 대접을 받지 못한다. 체구가 작은 데다가 공부 역시 그다지 잘하지 못하니 동생들이 얕잡아보고 형으로써 잘 대접하려고 하지 않는다. 또래 아이들과 함께할 때도 경섭이는 늘 뒤로 물러나 있기 일쑤였다. 그런 그 아이가 안 돼 보여서 일부러라도 동생들 앞에서 위신을 세워주기도 했다.

차가 출발한 지 얼마 지나지 않았는데 그 애가 문득 입을 열었다.

"이러다 우리 집 망할 것 같아요."

아이는 풀이 죽은 목소리로 그렇게 말했다. 왜 그렇게 생각하느냐고 물었더니 아버지가 벌써 며칠째 일을 못하고 집에 계신다며 이러다가는 돈이 없어서 망할 것 같다고 한숨을 쉬었다. 안 그래도 작은 그 아이의 몸이 더 작아보였다.

늦가을부터 봄까지는 산에 낙엽이 쌓여 있어서 산불이 날 위험이 크다. 산불이 나는 것을 예방하기 위해서 면사무소에서는 한시적으로 산불감시원을 채용한다. 경섭이의 아버지도 농번기인 겨울에는 감시원으로 일하면서 가외의 돈을 버는 모양이었다. 아이의 말로는 일을 해야 돈이 나오는데 눈이 와서 벌써 며칠째 일을 나가지 못했다고 한다.

근심어린 목소리로 집이 망할 것 같다고 한숨을 쉬는 아이를 보니 괜스레 마음이 짠했다. 안 그래도 체구가 작고 약한 그 아이가 벌써 삶의 무게를 안고 사는가 싶어 안 된 마음이 들었다. 기운을 북돋워주기 위해 눈이 오는 것은 천재지변이니까 일을 하러 못 가도 돈은 나올 거라고 말했더니 도리질을 치면서 일을 해야만 돈이 나온다고 한다. 자기 아버지는 정식 공무원이 아니라서 월급이 아니라 일당을 받는다고 힘없이 말했다. 농사도 제법 많이 짓는 집이니 아이가 생각하는 것처럼 그렇게 살림이 쪼들릴 것 같지는 않은데도 아이 눈에는 집에 있는 아버지가 놀고 있는 것처럼 보였나 보았다.

집이 망할 것 같다며 걱정하는 아이에게 내가 해줄 수 있는 말은 별로 없었다. 공부를 열심히 하는 게 바로 돈을 버는 길이라고 일러줬지만 내 말을 그렇게 귀담아 듣는 것 같지는 않았다. 그것보다는 다른 이야기를 하고 싶어 하는 듯이 느껴졌다.

아이는 아버지에게 불만이 있는 듯했다. 일주일에 만 원씩 용돈을 받는데 차비를 제하고 나면 남는 돈이 얼마 안 된다고 했다. 그래서 먹고 싶은 게 있어도 마음대로 다 사먹지 못한다며 하소연을 했다. 더군다나 아버지에게 돈을 쓴 내역을 보고를 해야 한다니, 아이가 답답해하는 것도 일리가 있어 보였다. 아이는 인생을 다 산 사람처럼 한숨을 들이쉬고 내쉬었다.

아이의 말을 들어보니 좀 심하다는 생각도 들었다. 그렇다고 아이의 말만 듣고 그 아이의 아버지를 비난할 수는 없다. 자녀들에게 존경을 받지 못하는 아버지는 아무리 사회적인 성취를 이뤘다고 하더라도 반쪽짜리 성공밖에 거두지 못한 것이라고 하지 않는가. 비록 경섭이의 아버지가 권위적이고 자녀를 억압한다고 할지라도 그것은 그 아버지 나름대로의 사랑이고 가르침일 수 있다는 생각이 들었다.

세상에 자식을 사랑하지 않는 부모가 어디 있겠는가. 다만 표현하는 방식이 서로 다를 뿐 자식의 앞날을 걱정하는 것은 다 같을 것이다. 경섭이의 아버지는 아들이 나중에 커서 돈을 헤프게 쓰는 사람이 될까봐 염려해서 엄격하게 훈육하는지도 모른다. 일찍부터 돈에 대한 개념을 일깨워주고자 하는 마음에서 용돈 관리를 하는데, 경섭이는 그런 아버지에게 서운함을 느끼니…. 아버지의 마음을 이해하면 서운함은 사라질 것이다. 그래서 내 이야기를 해주었다.

전에 우리 애들이 어릴 때, 엄격하게 지킨 게 몇 가지 있었다. 그중 하나는 '뽑기'를 못하게 한 것이다. 학교 앞 문방구에서는 동전을 넣으면 장난감이나 초콜릿이 나오는 뽑기 통을 놔두고 아이들을 유혹했다. 동전 하나를 넣고 잘하면 그 몇십 배를 얻을 수 있으니, 아이들은 그 유혹을 뿌리치기가 쉽지 않았으리라. 그래서 하굣길에 삼삼오오 무리를 지어 기계 앞에 모여서 뽑기를 했다. 대부분 목적을 이루지 못했지만 더러 횡재를 하는 경우도 있었다. 그래서 아이들은 늘 '혹시'를 바라면서 뽑기 통에 동전을 밀어 넣었다.

나는 그 요행이 좋지 않게 생각됐다. 규모만 작을 뿐이지 어른들의 도박과 뭐가 다르단 말인가. 그래서 우리 애들에게 못하게 말렸는데 초등학교 저학년이었던 아들이 나 몰래 뽑기를 여러 번 했다는 걸 알게 됐다. 그래서 종아리를 아프도록 때렸던 적이 있다.

식구들이 모여서 옛날 일을 떠올릴 때면 아들은 그때 일을 더러 이야기하곤 한다. 다른 애들은 뽑기를 많이 해도 혼나지 않았는데, 자기는 두어 번밖에 안 했는데도 혼이 났다면서, 그때 엄마가 원망스러웠다고 했다. 나는 아들을 위해 그렇게 했는데 아이에게는 억울한 기억으로 남아 있으니…. 이런 것을 소통의 부재라고 해야 할까. 그래도 엄마 덕분에 두 번 다시 뽑기는 하지 않았다고 하니 내가 아이를 혼낸 게 영 잘못한 일은 아닌가 보았다. 만약 그때 아들이 한탕주의에 맛을 들여 그 후로도 계속 그런 유혹에 흔들렸다면 그것은 매로 끝날 일은 아닐 것이다. 아들이 요행을 바라는 사람으로 자라지 않은 것은 그때 그렇게 혼이 났던 덕분일지도 모른다.

어릴 때 버릇이 평생을 간다는 말이 있지 않은가. 그래서 부모들은 자녀가 잘 자라기를 바라는 마음에서 때로는 강요도 하고 억압을 하는 것일 터이다. 내가 아들을 혼내고 꾸짖었듯이 경섭이의 아버지도 아들이 잘되기를 바라면서 아들의 용돈 관리를 했을 것이다. 혹여 아들이 돈을 헤프게 쓰는 버릇이라도 들까봐 엄격하게 했는데 경섭이는 그것을 간섭과 억압으로 느꼈다. 내 말을 듣던 경섭이도 뭔가 느끼는 게 있는지 잠잠히 생각하는 눈치였다.

경섭이는 용돈을 많이 주지 않는 아버지가 싫다고 했지만 그 마음 안에는 아버지가 자신을 사랑하지 않는 것은 아닐까 하는 마음이 더 컸던 것 같다. 그러나 그것은 아버지의 또 다른 사랑법이라는 내 말을 듣고 나름대로 이해가 되는지 경섭이의 얼굴이 밝아졌다. 그런 아이를 보니 내 마음도 환해졌다. 우리 집까지 5분밖에 걸리지 않을 거리를 경섭이를 태워주느라 10분도 더 넘게 걸려서 집에 돌아왔다. 그래도 경섭이의 밝아진 얼굴을 보니 기분은 좋았다.

아버지가 돈을 못 벌어서 집이 망할 것 같다고 경섭이는 걱정했지만 그것은 용돈을 적게 주는 아버지에 대한 원망을 에둘러서 표현한 것이었다. 하지만 그것은 아버지의 또 다른 사랑법이라는 것을 어렴풋이나마 알게 되었으니 경섭이도 이제는 아버지가 좀 편하게 느껴질 것이다.

표현하는 사랑이 아름답다는 말이 있다. 말을 하지 않으면 알지 못하니 적극적으로 표현을 하라는 말이리라. 그러나 우리는 매번 지나고 나서야 깨닫는다. 그래서 주변 사람들에게 상처를 주고 서운함도 느끼게 한다. 경섭이네의 경우를 보면서 나 또한 표현에 서툴다는 것을 깨달았다. 그래서 사람은 죽을 때까지 평생 배워야 한다는 말이 나왔나 보다.

전등사의 아침

전등사에 왔다. 낮에는 사람으로 북새통을 이루던 절 마당이 이른 아침이라 그런지 고요하다. 그새 누가 비질을 했는지 마당에는 티끌 하나 떨어져 있지 않고 나뭇잎들 사이로 얼굴을 들이민 햇살이 반짝인다.

절 마당에 서서 대웅전을 올려다보았다. 아무도 없는 듯 인기척이 느껴지지 않는다. 그러나 댓돌 아래에는 신발 여러 켤레가 가지런히 놓여 있다. 제각기 다른 모양과 크기의 신발이지만 모두 한 방향을 향해 놓여 있는 걸 보니 안에 있는 사람들의 마음을 보는 듯했다.

대웅전으로 향하는 돌계단을 올랐다. 부처님을 향해 절을 올리는 사람들이 여럿 보인다. 얼굴이 익은 사람들 속에 낯모르는 사람들도 두엇 섞여 있다. 두 손을 가슴에 곱게 모으고 절을 올리고 있는 그들을 보니 내 마음에도 뭔가 모를 지극함이 들어서는 듯했다.

강화도에 '정토 법당'을 만들기 위한 기도 모임이 1차에 이어 2차로 접어들었다. 첫 번째 기도 정진은 하점면의 백련사에서 시작되었다. 응달진 곳에는 채 녹지 못한 눈이 아직도 남아 있던 2월 중순 무렵 백련사의 큰 법당에서는 천 배를 올리는 깊은 마음들이 있었다.

동이 트지도 않은 이른 새벽에 백련사를 향해 갔다. 작게는 4킬로미터요 많게는 20여 킬로미터 이상 달려온 사람들이다. 그들에게 초봄의 차가운 새벽바람은 문제가 되지 않았다. 가슴속에 큰 염원을 담고 새벽의 푸른 어둠을 뚫고 온 사람들이다.

지성이면 감천이라는 옛말은 그저 나온 말은 아닐 것이다. 마음을 모아 정성을 다하는데 어찌 하늘이 감동하지 않겠는가. 백련사에서의 기도정진은 자기 자신을 감동시키는 일이기도 했다. 그리고 그 힘은 너울을 타듯 이웃에게로 전파가 되어 더 큰 물결을 이루었다.

말이 쉬워 천 배拜지 아무나 할 수 있는 일은 아니다. 그들 역시 고비를 넘기며 스스로를 다잡았을 것이다. 그렇게 한 번이 두 번이 되고 한 달이 되더니 마침내 백일기도를 마치고 두 번째 기도정진에 들어가게 되었으니 어찌 감개가 무량하지 않겠는가.

정토회는 법륜 스님을 지도 법사님으로 모시고 수행과 공부를 하는 단체이다. 정토회 강화지회는 2007년도에 처음 시작되었다. 강화도 동막 바닷가 마을에서 서울 서초동에 있는 정토법당까지, 그 먼 길을 멀다않고 공부를 하러 다닌 분이 계셨다. 그 뒤를 이어 몇 분이 더 계셨고, 지금은 세상의 희망이 되고자 서원誓願을 하고 일상에서 수행정진을 하는 분들이 조용히 힘을 키우고 있다.

말은 금방 널리 퍼지지만 깊이가 얕다. 그래서 해가 가고 날이 가면 사라져버린다. 그러나 마음으로 하는 말은 당장은 보이지 않으나 어느 결에 마음속으로 스며들어 깊고 힘찬 강을 이룬다. 그분들의 내면을 흐르는 웅숭깊은 말씀은 사람들의 가슴속으로 조용히 스며들어 힘찬 내를 이루었다.

새벽 5시에 절을 올리기 시작했는데 어느새 시계는 여덟시를 향해 가고 있다. 근 세 시간 가까이 절을 했는데도 지쳐 보이지 않고 오히려 얼굴이 볼그스름하니 예쁘기만 하다. 절을 하는 것은 비우는 것이라고 한다. 비운 자리에 새로운 것이 들어오니, 그것은 사랑일 수도 있고 또 행복이기도 하리라.

천 배는 아무나 할 수 있는 게 아니지만, 누구라도 할 수 있는 게 또 천 배일 것이다. 마음을 먹으면 누구라도 할 수 있다. 하지만 마음을 내는 게 쉽지만은 않으니 아무나 할 수 없는 게 천 배인 것이다. 나는 천 배는 언감생심 꿈도 꾸지 않고 그저 이른 아침에 절에 온 것만으로도 장하다고 생각하며 백팔 배를 한 것으로 만족했다. 그리고 천 배를 올린 분들이 누리는 충만감을 덩달아서 같이 누렸다.

대웅전을 이루고 있는 기둥들을 톺아보았다. 한 아름으로도 모자랄 것 같이 크고도 우람한 기둥들이었다. 이렇게 장중하게 자라기까지 나무는 또 얼마나 많은 날들을 벼리고 기다렸을까. 지금 천 배를 올리는 이분들도 이런 굳건한 기둥이 되기 위해 절을 하는 것이리라.

전등사 길목에 있는 찻집 마당에 둘러앉아 고마운 마음들을 나누었다.

서로 위해주는 그 마음이 있어서 천 배도 할 수 있었노라고 하며 다들 서로에게 고마워했다. 생전 처음으로 천 배를 드린 분이 계셔서 그분에게 축하의 박수도 크게 쳐주었다.

이른 시간이라 찻집 마당은 고요했다. 마당 한쪽의 연못가에는 산수국이 피어 있었다. 청보랏빛 꽃 색이 고왔다. 도란도란 이야기를 나누는 도반들의 얼굴색도 고왔다. 불어오는 한 줄기 바람이 조용히 그들의 어깨를 어루만져주고 지나갔다.

비밀을 심었다

봄이 되자 울 안팎의 두릅나무가 새순을 키워냈다. 하루가 다르게 자라는지라 깜빡 때를 놓치면 가시가 돋고 억세어진다. 그래서 식전 댓바람에 소쿠리를 들고 집 뒤꼍으로 갔다. 두릅 순을 따기 위해서였다.

산과 맞닿아 있는 우리 집 뒤안은 따로 울타리를 할 것도 없다. 그래도 뭔가 경계를 삼기 위해 두릅나무를 캐다 심었다. 두릅은 얼마나 잘 번지는지 몇 년 안 가 집 뒤안은 온통 두릅나무 밭이 되었다. 해마다 봄이 되면 두릅 풍년을 맞는다.

두릅나무가 자라기에 좋은 조건이라서 그런지 작년에 내 무릎에 닿을락 말락하던 나무가 해가 바뀌어 가보면 어느새 내 키를 넘나든다. 속 빈 대나무가 성장률이 좋은 것처럼 두릅 또한 속이 단단하지 않아 그렇게 잘 자라는 것일까. 두릅 순도 급하기는 매한가지여서 하루 이틀만 때를 놓치면 억세어져 버린다.

고개를 쳐들고 부지런히 순을 따고 있는데 발밑의 낙엽더미 속이 예사롭지 않다. 다섯 쪽으로 갈라져 있는 잎사귀만 보아도 단번에 알 수 있었다. 나는 혼자 속으로 "심봤다"를 외쳤다.

재작년 봄에 인삼농사를 짓는 이웃이 반찬으로 해먹으라며 어린 종삼을 한 무더기 챙겨주었다. 강화도는 인삼으로 깍두기를 만들어먹는다는 농담도 있다더니, 우리가 바로 그 짝이었다. 새콤달콤하게 무친 종삼을 한 접시 수북이 내놓으면 어느새 빈 접시가 되어 있었다. 그러나 이 귀한 인삼을 어찌 반찬으로 다 탕진을 할 수 있으리오. 비록 어리지만 그래도 분명 인삼이 분명할진대, 반찬으로 다 먹어버리기에는 아까웠다. 그래서 집 주변을 둘러가며 삼을 심었다. 그렇게 심어두고는 잊어버렸는데 제 스스로 자라 올 봄에 다시 돋은 것이지 뭔가.

그날 하루 종일 기분이 좋았다. 마치 보물을 발견한 것 같았다. 그날부터 우리는 야심찬 계획에 들어갔다. 산에서 캔 것은 산삼이고 밭에 심은 삼이 인삼이라면 우리 집 뒤곁의 저 삼은 무엇이란 말인가. 인삼은 인삼이지만 그렇다고 보통 인삼은 아니다. 사람이 심은 것은 맞지만 자라는 곳이 산비탈이니 밭에서 자라는 삼과는 다르리라. 그렇다면 저것은 인삼보다 한 급 더 윗길인 장뇌삼이 아닐런가. 그때부터 나는 김칫국을 마시기 시작했다. 마치 그 인삼이 장뇌삼이라도 되는 양 꿈에 부풀었다. 내 집 울타리 안에 보물이 자라고 있는 것 같았다.

아침마다 비밀스런 회동이라도 하는 양 우리 부부는 인삼을 보러 간다.

볼 때마다 가슴이 설렌다. 장뇌삼은 몇십 년씩 자라니 우리는 몇 년 뒤를 예비하고 있는 것이나 매한가지다. 당장 내일을 기약할 수 없는 게 우리네 인생이라는데, 이렇게 십 년, 이십 년 뒤를 예비하고 있으니 이 얼마나 뿌듯한 일일쏘냐. 다 해봤자 열댓 뿌리밖에 되지도 않을 인삼을 두고 장뇌삼이니 뭐니 하며 꿈도 참 야무지게 꾸었다.

인삼은 원 줄기 하나에 여러 갈래로 잎이 핀다. 잎의 개수만 세어도 인삼의 나이가 얼마 정도 되었는지 알 수가 있다. 잎이 세 개짜리는 종삼을 작년에 옮겨 심은 것이고 다섯 개짜리는 재작년에 심은 것이다. 우리 집 뒤안의 인삼들 중에는 잎이 세 개짜리도 있고 다섯 개짜리도 있었다. 우리도 모르는 사이에 어느새 그렇게 자라 있었던 것이다.

인삼은 육 년을 키우기도 힘들다. 오 년을 지나면 뿌리가 땅속에서 썩어버리는 경우가 많기 때문이다. 육 년도 키울 수 없는 게 인삼인데도 우리는 일이십 년 뒤를 꿈꾸었다. 그리고 이제 막 성년이 된 아들과 딸의 미래를 인삼과 결부시켰다. 아이들이 결혼을 해서 머루 알처럼 까만 눈동자를 가진 손자 손녀를 낳는다면, 저 인삼을 먹여야지. 그 생각만으로도 흐뭇했다.

그러나 그때부터 문제가 생겼다. 울도 담도 없이 사는데 이제는 집 비우기가 께름칙해지지 뭔가. 인삼 그게 뭐라고 집을 나올 때면 뒤통수가 괜히 당겼다. 심지어 혹시라도 누가 인삼을 캐 가버릴까 봐 노심초사하기까지 했다. 우물가에 가서 숭늉을 찾는다더니 우리는 한 술 더 떠서 결혼도 안 한 우리 애들에게서 손자를 찾는다. 심은 지 두어 해밖에 되지 않은 인삼을 두고 일이십 년 뒤를 꿈꾸다니… 김칫국을 마셔도 보통 마시는 게 아니다.

꿈이 있다는 것은 보약 한 재를 먹는 것보다 더 약발이 셀 것이다. 인삼과 함께 소망도 자라고 있으니 우리는 값비싼 보약을 날마다 먹고 있는 셈이다. 그러니 김칫국을 미리 마신들 대수겠는가.

두릅 새순이 억세어졌다. 이제 집 뒤안으로 갈 일은 없다. 인삼을 찾아볼 일도 없다. 내년에 다시 두릅 새순이 돋을 때까지 인삼은 저 혼자서 잘 살 것이다. 우리의 꿈도 일 년간 일단 정지다.

블루오션, 강화도

새해가 시작된 지 채 한 달도 지나지 않은 어느 저녁에 강화읍에 나갈 일이 생겼다. 오래 알고 지내는 이들이랑 새해맞이 덕담을 나누는 저녁 식사 자리가 있었기 때문이었다. 오랜만에 네온사인이 번쩍이는 읍내에 나왔더니 마음이 설렜는지 모임이 끝나고도 바로 집으로 돌아가지 않고 시내를 일렁이며 돌아다녔다.

주말의 시작인 금요일 밤이어서 그런지 강화읍 번화가의 도로변 주차장에는 차를 세울 빈자리가 별로 없었다. 간혹 빈 곳이 있었지만 내 실력으로는 도저히 차를 세울 수가 없이 빠듯했다. 운전이라면 그저 앞으로 달릴 줄만 알았지 주차는 영 젬병인 터라 차를 세울 때는 무조건 두 대가 설 수 있을 만큼 자리가 넉넉해야 주차를 시도한다. 그런데 남아 있는 자리들은 모두 차가 한 대 들어설 공간밖에 없었다. 그래서 빈자리를 찾아서 주춤주춤 나아가다가 새로 지은 도서관 근처까지 가게 되었다.

강화읍사무소 근처에 새 도서관이 들어섰다는 이야기는 벌써 전에 들었지만 가보지는 않았다. 예전 도서관에서 책을 빌렸다가 여태 반납하지 않았던 게 있는지라 켕겼던 것이다. 그래서 새 도서관에 별 관심을 두지 않았다. 그런데 그날 밤에는 어쩐 일인지 한번 가보고 싶었다. 반납하지 않은 책이 마음에 걸렸지만 설마 구경하는 데야 무슨 일이 있겠는가 하는 마음으로 조심스레 문을 밀고 도서관 안으로 들어갔다.

새로 지은 강화도서관은 매우 좋았다. 깔끔하고 세련된 분위기에 책상과 의자들도 편안해 보였다. 커다란 창으로는 강화의 남산이 건너다보일 것 같았다. 책을 보다가 문득 고개를 들면 산이 무연하게 맞아줄 것이다. 내 마음은 벌써 연초록으로 물이 든 남산을 그리고 있었다.

밤 아홉 시가 다 된 시간인데도 사람들이 제법 많았다. 책을 보거나 공부를 하는 사람들을 훑어보며 나도 그 무리에 끼었다는 생각에 스스로 뿌듯한 마음이 들었다. 마치 어떤 새로운 영역에 진입을 한 것같이 느껴졌다. 이리저리 둘러보는 내가 한눈에 봐도 처음 온 사람처럼 보였는지 사서가 다가와서 말을 붙였다. 예전 도서관에는 가봤지만 새로 지은 곳은 처음이라고 하니 회원 등록을 권한다. 그래야 책을 대출할 수 있고 또 자료들을 열람할 수 있다고 그랬다.

반납하지 않은 책이 있는지라 선뜻 응하지 못하고 우물쭈물했다. 벌써 여러 해 전 일이니 내가 책을 반납하지 않았다는 기록은 어쩌면 남아 있지 않을지도 모른다. 혹시 자료가 남아 있다면 오히려 잘 되었다. 우리 집

책꽂이에 꽂혀 있는 책을 볼 때마다 약간의 죄의식을 느꼈는데, 이번 참에 책을 반납하고 빚을 탕감하자. 그렇게 생각하며 신분증을 건네주었더니 옛날에 내가 빌려갔다가 반납하지 않은 책의 목록이 컴퓨터 화면에 뜨지 뭔가. 순간 민망해서 쥐구멍이라도 있다면 숨고 싶었다.

그날 밤 도서관에 가게 된 것은 내 마음속에 잠재되어 있던 욕망이 작용을 했던 것 같다. 그즈음 유홍준 선생님이 쓴 『나의 문화유산답사기 제주』 편을 읽고 있었는데 문득 강화도를 담은 책 중에도 이렇게 대중의 관심과 사랑을 많이 받은 책이 있는지 궁금해졌다. 그래서 인터넷 서점에 들어가서 검색을 해보았지만 직접 내 눈으로도 확인해보고 싶었다. 강화군립 도서관이니 강화도와 연관이 있는 책들은 다 구비되어 있을 것이다. 그래서 그날 밤 내 발길이 도서관 쪽으로 향했던 것이다.

'도서관은 나침판이고 또 사람을 만나고, 사람이 되는 곳'이라는 안내판의 글귀가 가슴에 와 닿았다. 서가에 가득 꽂혀 있는 책들도 반가웠다. 글쓴이들의 노고가 담겨 있는 책들이니 어느 책인들 소중하지 않겠는가. 하지만 그 많은 책 속에서도 강화와 관련된 책들은 생각만큼 많지 않았다. 강화도 관련 코너가 따로 있었지만 오래된 책들이 대부분이었다.

강화도 사람들이 농담 삼아 하는 말이 있다. 강화도는 대표로 내세울 선수들이 너무 많아 탈이라고 한다. 청동기시대의 고인돌부터 최근세사까지 우리 민족의 전 역사가 담겨 있을 뿐만 아니라 북녘 땅을 마주보고 있는 곳이기도 하다. 그러니 어느 것을 중점적으로 내세워야 할지 고를 수도 없다. 너무 많아도 탈인 경우가 바로 강화도에 해당된다.

'지붕 없는 박물관'이라 불리는 강화도는 발길 닿는 곳마다 우리 민족의 역사가 어려 있다. 때 묻지 않은 자연과 순후한 인심도 강화도에는 있다. 어디에 내놔도 앞자리에 우뚝 설 재목감이지만 아직도 저평가된 곳이 또 강화도이기도 하다. 강화도는 저평가 기대주이다. 하루에도 수많은 책들이 쏟아져 나온다는 출판 홍수의 시대에도 강화를 담은 책이 많지 않다는 것은 다시 말해 아직도 개척할 게 많은 '블루오션'이란 뜻이기도 하다.

그날 밤 도서관에서 꿈을 만났다. 강화도를 글로 그려보자는 계획을 세웠다. '강화도'라는 큰 산을 올라가리라. 가다가 힘들면 중간에서 쉬었다 가고, 그래도 못다 올라갈 것 같으면 도중에 내려온들 뭐 어떻겠는가. 강화도라는 큰 산의 오솔길을 걷는 것도 재미있을 것이다. 걷는 동안 얼마나 즐겁고 행복할까. 그날 밤 도서관에서 '강화도'라는 큰 산으로 오르는 오솔길을 발견하고 가슴이 설레어 잠을 설쳤다.

겨울의 끝자락에 찾았던 나의 오솔길에도 이제 막 새순이 돋아 오른다. 글을 만지느라 밤을 새워도 좋기만 하다. 어린 애동나무가 자라서 거목이 되듯 나의 오솔길에 돋아난 새순들도 검푸르게 너풀댈 날이 있을 것이다. 그런 날이 오기를 바라면서 오늘도 나는 도서관에서 놀고 있다.

나의 산티아고

'이것저것 따지다보면 아무것도 못해. 무조건 저지르고 보는 거야.'

덜컥 돈부터 입금했다. 제주도에서 보름 이상 살 수 있다는데, 이런 기회는 흔치 않다고 스스로에게 주문을 걸면서 일을 저지르고 말았다.

제주도에 사는 아는 사람이 해외여행을 떠나면서 자신의 집을 빌려주겠다고 했다. 물론 공짜는 아니다. 그래도 17일 동안 독채를 전세로 사용하는 가격치고는 헐했다. 그래서 다짜고짜 내가 쓰겠다고 연락을 하고는 내 마음이 변하지 않도록 돈부터 입금했던 것이다.

'제주도에서 살아보기'가 유행처럼 번지고 있다. 아예 거처를 옮겨 이사를 가는 사람들도 있다. 그런 기사를 볼 때마다 신기했지만 나와는 상관없는 일이라 생각했다. 그들은 쉽게 거처를 옮길 수 있는 조건의 사람들일 테고, 우리처럼 붙박이로 한곳에 머물러 사는, 소위 정착민들은 그렇게 할 수 없다고 생각했다. 하지만 내 의식 한편에서도 유목민처럼 떠돌며 살고 싶다는 꿈이 자라고 있었나 보다. 그러니 이렇게 무모하다 싶은 '제주도 살이'를 저지르지 않았을까.

제주도에서 살아볼 수 있다는 설렘은 얼마 안 가 고민거리가 되었다. 좋았던 것은 잠깐이었고 걱정이 나를 내리눌렀다. 남편의 동의를 구하지도 않고 내 마음대로 일을 저질렀던 것이다.

혼자 사는 사람이 아니니 남편과 의논해서 일을 진행하는 게 마땅하다. 그런데도 그렇게 하지 않았던 데는 이유가 있었다. 보나마나 남편이 반대할 게 뻔했다. 집을 놔두고, 그것도 남편과 함께도 아닌, 마누라 혼자서 보름 이상 제주도에서 지낸다는데 좋다구나 찬성해줄 턱이 없었다.

그는 보통의 양식과 생각을 가진 사람이다. 보통의 사람들이 걸어가는 길을 따라 살아왔으며, 앞으로도 그렇게 살아갈 것이다. 그런 그에게 제주에서 혼자 살아보겠다는 아내의 말은 낯설기만 할 것이다. 나중에 퇴직을 하면 그때 둘이서 좋은 곳에 가서 몇 개월씩 살아보자는 말은 더러 했었지만 그것은 지금 현재가 아닌 미래의 일이고, 더군다나 혼자가 아닌 둘이 같이하는 계획이었다. 남편은 당혹감과 함께 배신감까지 느꼈을 것이다. 그래도 나는 집을 떠나 낯선 곳에서 한번 살아보고 싶었다. 마침 핑계거리도 있었다.

그즈음 나는 그동안 써놓았던 글들을 수정하는 작업을 하고 있었다. 가을까지는 마무리를 지어야 하는데 집에서는 잘 되지가 않았다. 이렇게 어영부영 세월을 보내다가는 영영 끝낼 수 없을지도 모른다는 불안감도 들었다. 그러던 차에 제주도행이 나왔으니, 얼싸 좋구나 하고 일을 저질렀다. 분위기 전환을 하고 싶었던 것이다.

그날 저녁 조심스럽게 남편에게 말을 꺼냈다. 예상했던 대로 그는 내게 통박을 준다.

"아니, 집이 없는 것도 아니고… 집 놔두고 뭐 하러 남의 집에서 지낸다는 거야? 집에서 안 되던 글이 제주도에 간다고 될까? 그리고 당신 혼자서 지낸다고? 말도 안 돼."

물론 '말도 안 돼'라는 말을 하지는 않았다. 하지만 분명 남편은 그렇게 생각했을 것이다. 말도 안 되는 일이라고.

아, 일은 저질러놓았는데 수습할 일이 태산이다. 동의도 구하지 않고 집부터 얻어놓았으니, 이제 어떻게 할 것인가. 온갖 궁리를 하느라 잠을 설치기까지 했다.

그러던 차에 동검도에 있는 예술영화관에서 〈산티아고 가는 길〉이란 제목의 영화를 상영한다는 소식을 들었다. '산티아고'라면 순례자의 길로 유명한 스페인의 그 길이 아니던가. 치유와 소통의 길로 널리 알려진 산티아고 길은 한국인들도 많이 찾는 이름난 트레킹 코스이기도 하다.

길 걷기를 좋아하는 사람이라면 한번쯤은 '산티아고 순례길'을 꿈꾼다. 최근에 내가 아는 한 분도 800킬로미터에 달하는 그 길을 한 달 동안 걷고 왔다. 직장에서 퇴직을 하자 오래 준비해왔던 그 길을 마침내 걸었다고 했다. 오 년 동안 준비해왔던 길을 걷고 온 그분의 얼굴과 목소리는 스스로에 대한 자랑스러움으로 빛이 났다.

〈산티아고 가는 길〉이란 제목으로 알려져 있는 이 영화의 원 제목은

〈The Way〉다. 〈지옥의 묵시록〉이란 영화에서 '윌러드 대위'로 나왔던 '마틴 쉰'이 주연을 한 이 영화는 미국에서 흥행에 성공을 했고, 영화를 보고 감동을 받은 사람들이 이후 산티아고 순례길을 많이 찾았다고 한다.

안과 의사인 톰은 버클리대학 박사 과정을 하다가 그만둔 아들이 못마땅하다. 아들은 학교보다는 길에서 배움을 얻겠다면서 산티아고 순례길을 떠난다. 그는 피레네 산맥을 넘다가 사고를 당해 목숨을 잃는다. 아들의 사망 소식을 들은 아버지는 스페인으로 날아갔고, 도대체 카미노가 무엇이기에 죽을지도 모르는 그 길을 아들이 걸었는지 알고 싶어 유품으로 남아 있는 아들의 배낭을 메고 순례길에 들어선다.

장장 800킬로미터에 육박하는 길을, 걸을 준비가 전혀 되어 있지 않은 사람이 걷는다. 매일 25킬로미터 정도를 한 달 동안 걸어야 하는 길이다. 그러자면 순례에 나서기에 앞서 여러 달 혹은 여러 해에 걸쳐 걷기에 최적화된 몸을 만들어야 한다. 그뿐만 아니라 그 길에 대한 꿈도 꾸어야 한다. 기다리고 갈망하며 꿈을 키우는 것이 곧 산티아고를 향한 준비일 것이다.

톰은 그 어느 것 하나 준비된 게 없었다. 그렇다면 그의 여정은 안 봐도 환히 알 수 있다. 다리가 아프고 몸이 힘든 것 이상으로 마음의 갈등도 많았을 것이다. 왜 이 길을 아들은 걸으려고 했을까. 이 길의 무엇이 아들을 불렀던 것일까… 톰을 괴롭히는 것들은 한둘이 아니었을 것이다. 그것은 자신의 길이 아닌 아들의 길을 대신 걷기 때문에 발생하는 문제들인 것이다.

시작은 아들이 걷고자 했던 길을 따라서 가는 걸음이었지만, 결국 톰은 자신의 길을 걷는다. 그 길은 아들을 알아가는 여정이기도 했고 종래에는 자신을 찾아가는 길이 되었다. 길을 걸으면서 언뜻언뜻 세상을 떠난 아들과 마주친다. 바다를 앞둔 길의 끝에서 마침내 아들과 만난다. 아들이 못다 걸었던 길을 대신 걸었지만 그것은 아들의 길이 아니라 아버지 톰의 길이었다.

삶은 각자 선택하는 것이고 우리는 각자의 길을 선택하고 걷는다. 그 누구의 삶만이 최고이고 최선인 것은 아니다. 우리가 선택한 그 길은 각자에게는 최선의 길이고 또 최고의 길인 것이다. 톰이 살아온 인생의 궤적이 톰에게 최선이었듯이 아들이 선택한 길 역시 그에게는 최선이었고 최고였다. 어쩌면 아버지인 톰은 그것을 느낀 것은 아닐까.

세상에 절대적으로 옳은 것은 없다고 하지 않는가. 옳다 그르다는 것도 결국은 내가 일으키는 생각일 뿐이다. 내 입장에서 보면 이것이 맞고 옳은 것이지만 상대의 입장에서 보면 다를 수도 있다. 산티아고 순례길을 걸으면서 톰은 아들이 택했던 삶의 방식, 곧 성공이 보장된 길을 버리고 자신만의 행로를 찾아 떠났던 것 역시 그른 것이 아니라는 것을 깨달았을 것이다. 비로소 톰은 아들과 진정으로 만날 수 있었고, 아들을 떠나보낼 수 있었다.

〈산티아고 가는 길〉을 보고 나니 문득 이런 생각이 들었다. 그렇다면 나의 산티아고 가는 길은 무엇일까. 일테면 나를 꿈꾸게 하고 설레게 하는 것은 있는 것일까. 나는 그것을 위해 어떤 준비를 하고 있나 하는 생각이 들었다.

제주도에서 보름 동안 혼자 살아보기는 나의 산티아고의 시작일지도 모른다. 순간적인 마음으로 선택했지만 그것은 오래전부터 꿈꾸었던 일일 수도 있다. 가정의 주부로써만이 아닌 나 자신으로 서고 싶다는 소망이 어쩌면 나의 산티아고가 아니었을까.

어쩌면 나는 이미 '나의 산티아고 길'에 들어섰는지도 모르겠다. 그 길의 끝에 서면 나는 무엇을 보고 또 얻을 수 있을까. 익숙한 곳을 떠나 낯선 곳에서 혼자 보름간 살아보기는 그러므로 나의 '산티아고 데 카미노' 일지도 모른다는 생각을 하며 영화관을 빠져나왔다.

이 도서의 국립중앙도서관 출판시도서목록(CIP)은 서지정보유통지원시스템 홈페이지(http://seoji.nl.go.kr)와 국가자료공동목록시스템(http://www.nl.go.kr/kolisnet)에서 이용하실 수 있습니다. (CIP제어번호: CIP2016025850)

이승숙 산문집
꽃이 올라가는 길
ⓒ 이승숙

초판 1쇄 인쇄 2016년 10월 28일
초판 1쇄 발행 2016년 11월 3일

지은이 이승숙
펴낸이 김석봉
책임편집 류미야
디자인 레몬
펴낸곳 다이얼로그
출판등록 제311-2013-000066호
주소 서울시 은평구 연서로 11길 7-5 401호
편집실 서울시 마포구 마포대로 127, 413호(공덕동, 풍림VIP빌딩)
전화 02-852-1977 팩스 02-852-1978
블로그 http://blog.naver.com/mhjd2003
전자우편 sbpoem@naver.com

ISBN 979-11-5896-286-9 03810

* 이 책은 2016년도 인천광역시 인천문화재단 한국문화예술위원회 의 지원을 받아 발간되었습니다.